# Impressum

Titel: Von den Sinnen
Eine Werkstatt für den Sachunterricht

Titel der amerikanischen Originalausgabe: Sense-Abilities

Fun Ways to Explore the Senses

© 1998 by Michelle O`Brien-Palmer

Published by: Chicago Review Press, Incorporated

© 2001 für die deutschsprachige Ausgabe beim: Verlag an der Ruhr
Postfach 10 22 51, D-45422 Mülheim an der Ruhr
Alexanderstr. 54, D-45472 Mülheim an der Ruhr
Tel.: 0208–438 54 0, Fax: 0208–439 54 39
E-Mail: info@verlagruhr.de
www.verlagruhr.de

Autorin: Michelle O`Brien-Palmer

Übersetzung: Rita Kloosterziel

Druck: Uwe Nolte, Iserlohn

ISBN 3-86072-599-8
© Verlag an der Ruhr 2001

Die Schreibweise der Texte folgt der reformierten Rechtschreibung.

Alle Vervielfältigungsrechte außerhalb der durch die Gesetzgebung eng gesteckten Grenzen (z.B. für das Fotokopieren) liegen beim Verlag.

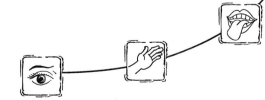

Ein weiterer
Beitrag zum
Umweltschutz:

Das Papier, auf das dieser Titel gedruckt ist, hat ca. **50% Altpapieranteil**, der Rest sind **chlorfrei** gebleichte Primärfasern.

Inhaltsverzeichnis

Einführung 4
Zu den Versuchen 5–11
Von den Sinnen singen 12
Arbeits-Pass 13

Infotext: Alles über das Sehen 14
1. Die Pupillen – ganz schön helle 15
2. Zwei Augen sehen mehr als eins 16
3. Aus dem Augenwinkel gesehen 17
4. Auf einen Blick 18
5. Für Augendetektive 19
6. Ich sehe was, was du nicht siehst 20
7. Das innere Auge 21
8. Was ist, wenn ... ? Kein Augenlicht! 22
9. Lesen ohne Augen (1/2) 23/24

Infotext: Alles über das Fühlen 25
1. Streckübungen für Raupen 26
2. Heiß oder kalt? 27
3. Für Fingerdetektive 28
4. Meine Finger können hören 29
5. Fingerübungen 30
6. Wie viele Pinsel? 31
7. Spuren hinterlassen 32
8. Wie fühlt es sich draußen an? 33
9. Was ist, wenn ... ? Kein Tastsinn! 34

Infotext: Alles über das Riechen 35
1. Riechen und raten 36
2. Für Nasendetektive I 37/39
3. Für Nasendetektive II 38/39
4. Für Nasendetektive III 40/42
5. Düfte mit Erinnerungswert 41/42
6. Wenn die Nase müde wird 43
7. Nasenkekse 44
8. Mein Duftgarten 45
9. Was ist, wenn ... ? Kein Geruchssinn! 46

Infotext: Alles über das Schmecken 47
1. Es liegt mir auf der Zunge 48
2. Für Geschmacksdetektive 49
3. Geschmackssache 50
4. Auf dem Trockenen 51
5. Zungenfertigkeiten 52
6. Geschmacks-Sensationen 53

Infotext: Alles über das Hören 54
Das Ohr/Deutsches Fingeralphabet 55
1. Wellen schlagen 56
2. Erbsen-Tanz 57
3. An der Strippe 58
4. Für Geräuschdetektive 59
5. Gleichklänge 60
6. Musik aus dem Wasserglas 61
7. Saitenspiele 62
8. Ein Mini-Megaphon 63
9. Was ist, wenn ... ? Kein Hörsinn! 64
10. Ein Spaziergang für die Ohren 65

Einführung

In dieser Werkstatt „Von den Sinnen" geht es um Menschen wie Sie und ich und darum, wie wir mit Hilfe unserer fünf Sinne unsere Welt begreifen. Die **Versuche rund um die Sinne** sind einfach gestaltet und so angelegt, dass sie Spaß machen. Gleichzeitig fördern sie den Lernprozess, indem sie die Kinder am Erkenntnisprozess beteiligen. Schon ganz kleine Kinder können zu begeisterten Forschern werden, wenn sie Ergebnisse vorhersagen, Material sammeln, wissenschaftliche Beobachtungen anstellen und über ihre Entdeckungen berichten. Mit Hilfe dieser Versuche zum Mitmachen lernen die Kinder etwas über die Wunder jedes einzelnen Sinnesorgans, bekommen dabei unmittelbare Informationen und werden an den wissenschaftlichen Erkenntnisprozess herangeführt, auf den sie bei ihren wissenschaftlichen Nachforschungen ihr Leben lang zurückgreifen werden.

Der **Aufbau der einzelnen Versuche** wurde bewußt gewählt und orientiert sich an der Vorgehensweise, die bei wissenschaftlichen Untersuchungen üblich ist. Das grundlegende System wurde beibehalten, während die Kinder gleichzeitig mit dem Erkenntnisprozess Bekanntschaft machen und dabei einer Sprache begegnen, die ihnen vertraut ist. Jeder Versuch beginnt mit der Frage „Wusstest du schon?", die vergleichbar ist mit **Hintergrundwissen** und neuen Informationen. „Das brauchst du" verschafft den Kindern einen **Überblick** über die **Materialien**, die sie für die Durchführung ihres Experiments benötigen. Bei der Frage „Was meinst du?" wird ihnen bei jedem Versuch Gelegenheit gegeben, eine Vorhersage über das Ergebnis zu treffen und damit eine **Hypothese** aufzustellen. „Los geht's!" erläutert die **Schritte zur Überprüfung der Hypothese**. Bei „Köpfchen, Köpfchen!" haben die Kinder die Möglichkeit, **Schlüsse aus** ihren **wissenschaftlichen Beobachtungen** zu ziehen.

Für jeden Sinn finden Sie auf S.12 ein **Gedicht** bzw. **Lied** zu einer bekannten Melodie. Das Sinnesorgan, um das es geht, wird in einem Infotext „Was die Augen (die Ohren usw.) alles können" vorgestellt.

Alle Versuche sind zu Hause und in der Schule erfolgreich in die Praxis umgesetzt worden. Für die meisten brauchen Sie eine Reihe von einfachen Materialien, die Sie leicht abwandeln und an die Bedürfnisse der Kinder anpassen können. In diesen Fällen gibt es keine genauen Mengenangaben. Bei den Versuchen, in denen gebacken wird, ist angegeben, wie viel Sie bei den Rezepten ungefähr als Resultat herausbekommen.

Zunächst wird bei den meisten Versuchen die Hilfe von Erwachsenen benötigt. Später können Sie sogenannte „Lernecken" einrichten, in denen Sie Material aus den gemeinsam durchgearbeiteten Versuchen über das behandelte Sinnesorgan auslegen. Auf diese Weise können die Kinder diesen Sinn im Laufe der Woche alleine ausprobieren. Dies ist eine großartige Methode, den Lernprozess zu ergänzen und zu erweitern.

Von den Sinnen ist ein Abenteuer, das den Kindern nahebringt, wie wundervoll unsere Sinne, die Natur und wir selbst sind. Während sie die charakteristischen Merkmale eines jeden Sinnesorgans erforschen, werden sie für kurze Zeit auch erfahren, wie es wäre, ohne diesen Sinn zu leben. Sie lernen Braille, die Blindenschrift, und die Welt derjenigen kennen, die nicht sehen können. Ebenso erfahren sie etwas über die Zeichensprache und die Welt der Gehörlosen. Schließen Sie sich den Kindern an und erleben Sie erneut, welche sensationellen Fähigkeiten Ihre Sinne aufweisen!

Michelle

Zu den Versuchen

 Alles über das Sehen

1. Die Pupillen – ganz schön helle (S. 15)

Ziel
Erleben, wie sich das Auge verändert, um den Lichteinfall zu regulieren.

Info
Die Iris ist ein Kranz aus Muskeln. Sie sorgt dafür, dass sich die Pupille weitet oder zusammenzieht, um die richtige Lichtmenge einzulassen und optimales Sehen zu ermöglichen.

Wichtig!
Nehmen Sie die Graphik auf Seite 14 zu Hilfe, um die Begriffe Iris und Pupille einzuführen.

Tipp
Wenn es im Zimmer zu dunkel ist, können die Kinder nicht sehen, wie sich die Pupille verändert. Bei sehr dunklen Augen ist die Pupillenveränderung schwerer zu erkennen als bei helleren Augen.

2. Zwei Augen sehen mehr als eins (S. 16)

Ziel
Das Phänomen der Tiefenwahrnehmung einführen.

Info
Durch die Tiefenwahrnehmung wird die Welt dreidimensional.

Wichtig!
Die Schnur oder das Band, das Sie für diesen Versuch verwenden, muss problemlos in das Nadelöhr passen. Zuvor sollten Sie den Kindern zeigen, wie man einfädelt. Um den Versuch auszuweiten, bitten Sie die Kinder, mit der Augenklappe das andere Auge zu verdecken. Fragen Sie sie, ob sie das Einfädeln dadurch anders empfinden. Falls es bei einem Kind deutliche Unterschiede zwischen beiden Augen gibt, ist vielleicht ein Besuch beim Augenarzt angebracht.

Zu den Versuchen

Tipp
Um das Verständnis für Tiefenwahrnehmung zu erweitern, lassen Sie die Kinder für eine Zeit lang eine Augenklappe tragen und sie über die Unterschiede zwischen einäugigem und zweiäugigem Sehen berichten.

3. Aus dem Augenwinkel gesehen (S. 17)
Ziel
Das Phänomen des peripheren Sehens einführen.
Info
Das periphere Sehen ist besonders wichtig beim Autofahren und Fahrradfahren. Es vermittelt uns wesentliche Informationen über unsere Umgebung.
Wichtig!
Achten Sie darauf, dass die Kinder nicht umherlaufen oder spielen, während sie die Sonnenbrillen aufhaben, weil sie die Sicht einschränken.
Tipp
Legen Sie die Brillen zusammen mit dem „Bild am Stiel" in einer Lernecke aus.

4. Auf einen Blick (S. 18)
Ziel
Formen/Bilder erkennen, die uns wichtige Informationen über unsere Welt vermitteln.
Info
Wir benutzen Formen/Bilder als Symbole, die an die Stelle von einem Bündel von Informationen treten. Unsere Augen sammeln Daten und unser Gehirn interpretiert die Bedeutung und die Wichtigkeit der einzelnen Formen.
Wichtig!
Bevor Sie mit dem Versuch beginnen, sprechen Sie mit den Kindern verschiedene Symbole durch, wie z.B. das Nichtraucherzeichen oder das Symbol für öffentliche Telefone.
Tipp
Mit diesem Versuch können Kinder etwas über Symbole lernen, die in ihrem Leben wichtig sind.

5. Für Augendetektive (S. 19)
Ziel
Erfahren, wie unsere Augen die fehlenden Einzelheiten ergänzen, wenn wir nicht das ganze Bild sehen können.
Info
Den Umriss einer vertrauten Form zu sehen, vermittelt uns genügend Informationen, um die Form erkennen zu können.
Wichtig!
Bitten Sie eine Gruppe von Kindern, eines der Bilder zu identifizieren und lassen Sie sie dann zu zweit oder alleine weitermachen.
Tipp
Dieser Versuch macht allen Altersgruppen Spaß. Sie können auch selbst versuchen, Illustrationen aus Zeitschriften auszuschneiden und daraus Bilder zum Raten herzustellen.

6. Ich sehe was, was du nicht siehst (S. 20)
Ziel
Erfahren, dass man ein Bild aus vielen unterschiedlichen Perspektiven betrachten kann.
Info
Beim Sehen spielt die Lebenserfahrung des Betrachters eine große Rolle. Wir interpretieren das, was wir sehen, mit Hilfe unseres Verständnisses von Beschaffenheit und Funktionsweise von Sachen. Wir nehmen unsere Umwelt durch unsere vergangene und gegenwärtige Verbindung mit ihr wahr.
Wichtig!
Achten Sie darauf, dass jedes Kind die Möglichkeit hat zu sagen, was es sieht. Dabei gibt es keine falschen Antworten.
Tipp
Dies ist ein toller Versuch für Gruppen. Kindern macht es Spaß zu hören, was andere denken.

7. Das innere Auge (S. 21)
Ziel
Erleben, wie vor dem inneren Auge Bilder entstehen, die durch Klänge und nicht durch das angeregt werden, was wir mit offenen Augen sehen.
Info
Unser Gedächtnis holt vertraute Bilder aus einem Film hervor, den wir gesehen haben. Diese Bilder entstammen der Erinnerung an gemeinsame Erlebnisse. Wenn wir jedoch ein Musikstück zum ersten Mal hören, entstehen vor unserem geistigen Auge einzigartige Bilder, angeregt durch die Stimmung und die Melodie der Musik. Diese Bilder entspringen unserer Fantasie.
Wichtig!
Bei der Filmmusik sollten Sie einen Film auswählen, den alle gesehen haben. Für den klassischen Teil suchen Sie ein Stück aus, das allen unbekannt ist.
Tipp
Wenn die Kinder Schwierigkeiten haben, sich auf die Musik zu konzentrieren, lassen Sie sie eine Augenbinde anlegen, um visuelle Ablenkungen auszuschalten.

8. Was ist, wenn ... ? Kein Augenlicht! (S. 22)
Ziel
Für einen begrenzten Zeitraum erleben, wie ein Leben ohne Sehvermögen sein könnte.
Info
In der Dunkelheit können wir nur schwarz und weiß sehen. Wir müssen Gehör und Tastsinn zu Hilfe nehmen, um uns zurechtzufinden.
Wichtig!
Sprechen Sie über die Sinne, die wir einsetzen würden, wenn wir blind wären.
Tipp
Bei diesem Versuch ist die Hilfe von Erwachsenen notwendig, damit sich die Kinder nicht verletzen, während sie die Augenbinde tragen.

Zu den Versuchen

9. Lesen ohne Augen (S. 23/24)
Ziel
Den Tastsinn einsetzen, um einen Buchstaben zu lesen.
Info
Einige Arten von Sandpapier sind zu rauh für die Haut von Kindern. 180er Körnung ist gut geeignet.
Wichtig!
Stellen Sie so viele Braille-Buchstaben wie möglich her. Sie können z.B. im Klassenverband mit Hilfe der Kinder alle Buchstaben des Braille-Alphabets herstellen. Den Kindern macht es großen Spaß, zu zweit zusammenzuarbeiten und auszuprobieren, ob sie die Buchstaben mit verbundenen Augen identifizieren können.
Tipp
Als Herausforderung für die Kinder können Sie ihnen die Aufgabe stellen, ihren Namen mit den Braille-Buchstaben zu bilden.

Alles über das Fühlen

1. Streckübungen für Raupen (S. 26)
Ziel
Erleben, wie die Haut sich dehnt und zusammenzieht.
Info
Die Haut ist das flächenmäßig größte Organ des menschlichen Körpers.
Wichtig!
An einem großen Tattoo lassen sich die Größenveränderungen beim Strecken und Anwinkeln besser beobachten. Wenn Sie mit einer großen Gruppe von Kindern arbeiten, ist es vielleicht einfacher, wenn Sie das Tattoo an Ihrem eigenen Arm anbringen und den Kindern zeigen, was passiert, wenn Sie den Arm beugen und strecken.
Tipp
Achten Sie darauf, dass Sie Tattoos nehmen, die sich leicht entfernen lassen.

2. Heiß oder kalt? (S. 27)
Ziel
Kaltes, warmes und heißes Wasser identifizieren und erleben, dass zu viele Informationen zur gleichen Zeit Verwirrung auslösen.
Info
Wenn unser Gehirn zur gleichen Zeit zu viele sensorische Informationen bekommt, sind wir verwirrt.
Wichtig!
Achten Sie darauf, dass das Wasser für die Kinder nicht zu heiß ist.
Tipp
Bei diesem Versuch kann es eine große Plantscherei geben. Es ist besser, wenn die Becher in einer Plastikschüssel stehen.

3. Für Fingerdetektive (S. 28)
Ziel
Unterschiedliche Gegenstände an ihrer Form erkennen.
Info
Unser Tastsinn sagt uns nicht nur, wie die Oberfläche eines Gegenstandes beschaffen ist, sondern gibt uns weitere Informationen. Wir können Gegenstände sehr leicht an ihrer Form erkennen.
Wichtig!
Die Kinder müssen mit den Gegenständen vertraut sein. Die Gegenstände sollten sich in ihrer Form deutlich voneinander unterscheiden.
Tipp
Sie können diesen Versuch ausweiten, wenn Sie zwei Schachteln jeweils mit den gleichen Gegenständen füllen und die Kinder Gegenstandspaare heraussuchen lassen.

4. Meine Finger können hören (S. 29)
Ziel
Unterschiedliche Klangschwingungen durch Berührung wahrnehmen.
Info
Wenn wir sprechen, schwingen unsere Stimmbänder und erzeugen so die einzelnen Laute. Diese Schwingungen lassen sich an der Kehle erfühlen.
Wichtig!
Man sollte die Hand vorsichtig auf den Kehlkopf, den Larynx, legen.
Tipp
Als Vorbereitung auf diesen Versuch sollten Sie das Phänomen der Schwingungen einführen.

5. Fingerübungen (S. 30)
Ziel
Allein mithilfe des Tastsinns zueinander passende Stoffstücke zu finden.
Info
Unseren Fingern fällt es leicht, Gegenstände anhand ihrer Oberflächenstruktur zu identifizieren.
Wichtig!
Wenn Kinder Schwierigkeiten haben, diese Aufgabe zu lösen, lassen Sie sie erst ein Stück Stoff aus dem Schuhkarton befühlen und dann das passende Stoffstück aus dem „Fühl-Bild" heraussuchen.
Tipp
Mit den ausgeschnittenen Händen, die beim „Bild zum Fühlen" angefallen sind, können Sie Sachen aus anderen Versuchen verzieren.

6. Wie viele Pinsel? (S. 31)
Ziel
Die Berührungsempfindlichkeit der Arme testen.
Info
An einigen Stellen sind unsere Arme empfindlicher als an anderen. An den empfindlicheren Stellen kann man den Unterschied zwischen einer und zwei Stielspitzen spüren.

Zu den Versuchen

Wichtig!
Nehmen Sie etwa gleich lange Pinsel mit spitzen Stielenden.

Tipp
Geben Sie den Kindern reichlich Zeit, auf eigene Faust zu experimentieren.

7. Spuren hinterlassen (S. 32)

Ziel
Fingerabdrücke vergleichen.

Info
Jeder Finger- und Daumenabdruck ist einzigartig.

Wichtig!
Wenn ein Erwachsener hilft und die Kleidung der Kinder ausreichend geschützt ist, wird dieser Versuch garantiert ein Erfolg. Wenn Sie mit einer großen Gruppe von Kindern arbeiten, versuchen Sie es mit einer Tabelle auf einem großen Bogen Papier.

Tipp
Den Kindern macht es Spaß, wenn die Tabelle an der Wand aufgehängt wird, wo sie alle sehen können.

8. Wie fühlt es sich draußen an? (S. 33)

Ziel
Die verschiedenen Oberflächenstrukturen in unserer Umgebung erkunden.

Info
Unsere Finger erfassen Oberfläche und Form eines Gegenstandes und helfen uns, Gegenstände in unserer Umgebung zu identifizieren.

Wichtig!
Bei diesem Versuch sind Hilfe und Begleitung von Erwachsenen notwendig.

Tipp
Wenn Sie mit den Kindern nicht ins Freie gehen können, lassen Sie sie Polsterstoffe, die Oberflächen von Schulbüchern und die Sachen in ihrem Klassenraum oder zu Hause erkunden. Bei manchen Kindern ist es besser, wenn sie sich ohne Augenbinde auf ihren Tastsinn konzentrieren.

9. Was ist, wenn ... ? Kein Tastsinn! (S. 34)

Ziel
Für einen begrenzten Zeitraum die Erfahrung machen, wie ein Leben ohne die Möglichkeit zu fühlen aussehen könnte.

Info
Die Berührungsempfindlichkeit kann durch den Verlust von Gliedmaßen, durch schwere Verbrennungen oder Nervenschäden verloren gehen.

Wichtig!
Die Handschuhe sollten eng anliegen, sonst wird dieser Versuch zu frustrierend für kleine Kinder.

Tipp
Handschuhe aus dehnbarem Material (eine Größe für alle) sind normalerweise für alle Kinder gut geeignet.

Alles über das Riechen

1. Riechen und raten (S. 36)

Ziel
Duftpaare aus 3 Backaromen finden.

Info
Wir können unsere Nase darauf trainieren, sich bestimmte Düfte zu merken und zu reagieren, wenn uns dieser Duft wieder begegnet.

Wichtig!
Wenn Sie sehr intensive Aromen wählen, machen Sie es den Kindern leichter, die zueinander passenden Röhrchen zu finden. Nachdem sie es geschafft haben, diese Düfte zu identifizieren, können Sie ihnen die schwierigere Aufgabe stellen, zwischen weniger durchdringenden Gerüchen zu unterscheiden.

Tipp
Wenn Ihre Kinder richtig gerochen und geraten haben, lassen Sie sie eigene Vorlagen zeichnen und selbst Düfte zusammenstellen.

2. Für Nasendetektive (I) (S. 37)

Ziel
Die Gerüche von Sachen erkennen, die wir häufig essen.

Info
Unsere Nase kann zwischen über zehntausend verschiedenen Gerüchen unterscheiden.

Wichtig!
Wenn Sie Gerüche verwenden, die den Kindern vertraut sind, machen Sie es ihnen leichter, die einzelnen Düfte richtig zu identifizieren. Für kleinere Kinder bildet der Zusammenhang eine wichtige Hilfestellung beim Erkennen der Düfte. Wenn die Kinder die Bingo-Vorlage richtig belegt haben, lassen Sie sie die Duftdöschen mischen und die Gerüche ohne Hilfe durch die Bilder erraten. Suchen Sie noch andere Essens-Düfte, mit denen Sie ihren Geruchssinn zusätzlich testen. Kleine Kinder haben womöglich Probleme mit den Deckeln der Behälter. In diesem Fall machen Sie am besten Löcher in die Deckel, die Sie mit Klebeband abdecken, wenn sie nicht benutzt werden.

Tipp
Kleine Kinder neigen dazu, von den Proben zu naschen. In diesem Fall ist die Augenbinde hilfreich. Es ist eine gute Idee, die Kinder daran zu erinnern, dass es hier um den Geruchssinn und nicht um den Geschmackssinn geht, und deshalb ist es wichtig, dass niemand den Inhalt der Döschen aufisst. Die Proben verderben wahrscheinlich ungefähr im Laufe einer Woche. Überzeugen Sie sich also immer wieder davon, dass der Inhalt der Döschen noch in Ordnung ist.

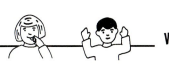

Zu den Versuchen

3. Für Nasendetektive (II) (S. 38)
Ziel
Den Geruch von Sachen erkennen, die man normalerweise zu Hause findet, die man jedoch häufig nicht sofort benennen kann.
Info
Ein Geruch lässt sich viel einfacher identifizieren, wenn man ihn in einem bestimmten Zusammenhang wahrnimmt.
Wichtig!
Wenn Sie Gerüche verwenden, die den Kindern vertraut sind, machen Sie es ihnen leichter, die einzelnen Düfte richtig zu identifizieren. Für kleinere Kinder bildet der Zusammenhang eine wichtige Hilfestellung beim Erkennen der Düfte. Wenn die Kinder die Bingo-Vorlage richtig belegt haben, lassen Sie sie die Duftdöschen mischen und die Gerüche ohne Hilfe durch die Bilder erraten. Suchen Sie noch andere Düfte aus dem häuslichen Bereich, mit denen Sie ihren Geruchssinn zusätzlich testen.
Tipp
Die Duft-Proben verderben wahrscheinlich ungefähr im Laufe einer Woche. Überzeugen Sie sich also immer wieder davon, dass der Inhalt der Döschen noch in Ordnung ist.

4. Für Nasendetektive (III) (S. 40)
Ziel
Den Geruch von Sachen erkennen, die wir beim Backen und Kochen benutzen.
Info
Die Düfte, die wir am häufigsten wahrnehmen, erkennen wir am ehesten.
Wichtig!
Suchen Sie noch andere Düfte von Back- und Kochzutaten, mit denen Sie ihren Geruchssinn zusätzlich testen.
Tipp
Bisweilen haben kleinere Kinder Schwierigkeiten, die Augen geschlossen zu halten, wenn sie an den Döschen schnuppern. In diesem Fall kann eine Augenbinde hilfreich sein. Erinnern Sie die Kinder daran, dass es hier um den Geruchssinn und nicht um den Geschmackssinn geht, und deshalb ist es wichtig, dass niemand den Inhalt der Döschen aufisst. Die Duft-Proben verderben wahrscheinlich ungefähr im Laufe einer Woche. Überzeugen Sie sich also immer wieder davon, dass der Inhalt der Döschen noch in Ordnung ist.

5. Düfte mit Erinnerungswert (S. 41)
Ziel
Bestimmte Düfte mit Erinnerungen verknüpfen.
Info
Zwischen bestimmten Gerüchen und Erinnerungen besteht eine enge Verbindung. Lebkuchen erinnern viele Kinder an Weihnachten und bei Popcorn denken viele Menschen ans Kino. Ein Kind sagte, dass es der Duft von Pizza an seinen Großvater erinnert, weil die beiden immer zusammen Pizza essen.

Wichtig!
Überlegen Sie, welche Gerüche für Ihre Kinder mit bestimmten Ereignissen verbunden sind und benutzen Sie nach Möglichkeit diese Düfte in den Filmdöschen. Lassen Sie die Kinder die Erinnerungen beschreiben, die die Düfte wecken.
Tipp
Wenn die Kinder diese Bingo-Vorlage belegt haben, lassen Sie sie ihre eigenen Vorlagen zeichnen und ihre eigenen Düfte zusammenstellen.

6. Wenn die Nase müde wird (S. 43)
Ziel
Zeigen, wie sich die Nase an einen Duft gewöhnt.
Info
Unser Gehirn muss sich um viele unterschiedliche Sachen kümmern. Sobald ein Duft registriert worden ist, tritt er in den Hintergrund, damit sich das Gehirn neuen Informationen zuwenden kann.
Wichtig!
Achten Sie darauf, dass der Schnürsenkel so kurz ist, dass er nicht zu weit von der Nase entfernt hängt. Gleichzeitig sollte er so lang sein, dass die Zimtstücke auf der Kleidung liegen, nicht auf der bloßen Haut. Derjenige, der die Kette gerade trägt, geht währenddessen alltäglichen Beschäftigungen nach.
Tipp
Es kann eine ganze Weile dauern, bis ein Kind den Duft nicht mehr wahrnimmt.

7. Nasenkekse (S. 44)
Ziel
Nasenförmige Kekse mit intensivem Duft backen.
Info
Wenn wir einzelne Zutaten riechen, können wir sagen, welchen Duft man später am deutlichsten riecht.
Wichtig!
Weisen Sie die Kinder auf mögliche Gefahrenquellen hin und stellen Sie Regeln für die Arbeit in der Küche auf. Geben Sie jedem Kind die Gelegenheit, einen Keks auszustechen.
Vielleicht können Sie sogar eine Kekskarte anlegen, so dass jedes Kind den Keks bekommt, den es ausgestochen hat.
Tipp
Wenn Sie nicht genügend Zeit haben, um die Kinder von Anfang an an den Vorbereitungen zu beteiligen, bereiten Sie den Keksteig schon vorher vor. Falls Sie keinen Zugang zu einem Ofen haben, stellen Sie die ausgestochenen Kekse kalt und backen Sie sie später.

8. Mein Duftgarten (S. 45)
Ziel
Pflanzen mit wunderbarem Duft aussäen.
Info
Kräuter sind nicht giftig und riechen intensiv und gut.
Wichtig!
Wählen Sie Pflanzen aus, die gut auf der Fensterbank wachsen können. Informieren Sie sich darüber,

Zu den Versuchen

welche Pflege diese Pflanzen brauchen, damit sie in der Obhut der jungen Gärtner prächtig gedeihen.

Tipp
Bei diesem Versuch kann es eine Menge Dreck geben. Breiten Sie reichlich Zeitungspapier unter den Saatschalen und dem Tontopf aus und machen Sie sich darauf gefasst, dass es am Ende einiges aufzuräumen gibt. Dieser Garten mit seinen aromatischen Nasenfreuden wird Sie für Ihre Mühen entschädigen.

9. Was ist, wenn ... ? Kein Geruchssinn! (S. 46)

Ziel
Für einen begrenzten Zeitraum die Erfahrung machen, wie ein Leben ohne Geruchssinn aussehen könnte.

Info
Wenn unsere Fähigkeit zu riechen beeinträchtigt ist, sind unsere Möglichkeiten begrenzt, die Gegenstände um uns herum zu identifizieren und potentielle Gefahren wie verdorbene Lebensmittel oder Feuer zu erkennen.

Wichtig!
Manche Kinder fühlen sich nicht wohl, wenn sie durch den Mund atmen müssen. Um dieselbe Wirkung zu erzielen, sagen Sie ihnen, dass sie sich für kurze Zeit die Nase zuhalten und dabei versuchen sollen zu riechen und zu schmecken.

Tipp
Nehmen Sie für die Geschmacksproben Lebensmittel, die besonders intensiv schmecken.

Alles über das Schmecken

1. Es liegt mir auf der Zunge (S. 48)

Ziel
Die Zunge genau betrachten.

Info
Auf unserer Zunge befinden sich ungefähr zehntausend Geschmacksknospen.

Wichtig!
Achten Sie darauf, dass der Raum sehr gut beleuchtet ist.

Tipp
Bisweilen ist es nötig, die Kinder an ihren Auftrag als Wissenschaftler zu erinnern. Das hilft ihnen, sich darauf zu konzentrieren, etwas über ihre Zunge zu lernen anstatt nur die Zunge herauszustrecken.

2. Für Geschmacksdetektive (S. 49)

Ziel
Etwas Süßes, Salziges, Saures, Bitteres erkennen und die Lage der Geschmacksknospen ausmachen, die für diese Geschmacksrichtung empfänglich sind.

Info
Die Geschmacksknospen für Süßes befinden sich normalerweise an der Zungenspitze, die für Salziges auf der ganzen Zunge, für Saures am Zungenrand und für Bitteres am Zungengrund (siehe Zeichnung S. 47).
Aber: jedes Individuum ist einzigartig und vielleicht sind bei Ihren Kindern die Geschmackszonen anders angeordnet.

Wichtig!
Wenn die Kinder als Wissenschaftler an diesen Versuch herangehen, haben sie das Gefühl, ein Experiment durchzuführen und wissenschaftliche Beobachtungen zu machen. Die Kinder müssen auch die Gelegenheit haben etwas auszuspucken, wenn sie etwas nicht mögen; daher die Serviette.

Tipp
Gummibärchen sind leicht zu beschaffen und bei Kindern sehr beliebt. Wenn Sie lieber etwas nehmen möchten, das von Natur aus süß ist, versuchen Sie es mit Apfelscheiben oder anderen Obstsorten. Statt der sauren Stäbchen können Sie auch Zitronenscheiben nehmen.

3. Geschmackssache (S. 50)

Ziel
Einen Geschmack allein mithilfe des Geschmackssinns erkennen.

Info
Wenn wir versuchen festzustellen, was wir gerade essen, ziehen wir viele verschiedene Aspekte in Betracht. Bei diesem Versuch konzentriert sich der Tester hauptsächlich auf den Geschmack und nicht auf die Form, das Geräusch beim Essen oder die Beschaffenheit der Speise.

Wichtig!
Wenn Sie Säfte nehmen, die den Kindern vertraut sind, machen Sie es ihnen leichter, die einzelnen Geschmackssorten zu erkennen. Für kleinere Kinder bildet der Zusammenhang eine wichtige Hilfestellung. Wenn das auf Ihre Kinder zutrifft, lassen Sie sie die Proben dadurch identifizieren, dass sie auf die entsprechende Saftpackung zeigen anstatt sie zu benennen. Wenn die Kinder diese Säfte erkannt haben, können Sie ihnen eine schwierigere Aufgabe stellen und Grapefruitsaft, Orangensaft und Limonade zusammen in einem Geschmackstest servieren.

Tipp
Bei diesem Versuch ist die Hilfe von Erwachsenen notwendig.

4. Auf dem Trockenen (S. 51)

Ziel
Die Bedeutung des Speichels für den Geschmackssinn deutlich machen.

Info
Der Speichel mischt sich mit der Speise und bringt den Geschmack zu den Geschmacksknospen. Außerdem hilft er bei der Verdauung.

Zu den Versuchen

Wichtig!
Achten Sie darauf, dass die Kinder mit den Handtüchern nicht zu weit nach hinten an den Zungengrund geraten, weil sie sonst den Würgreflex auslösen.

Tipp
Manche Kinder fühlen sich bei diesem Versuch unwohl. Sie können stattdessen anderen zusehen und dabei dieselben Informationen sammeln.

5. Zungenfertigkeiten (S. 52)
Ziel
Nahrungsmittel sowohl an ihrem Geschmack als auch an ihrer Beschaffenheit erkennen.

Info
Wenn wir Essbares identifizieren, achten wir auf Geschmack, Form und Konsistenz. Diese Faktoren spielen eine Rolle bei der Auswahl dessen, was wir essen.

Wichtig!
Bei dieser Übung ist die Hilfe von Erwachsenen notwendig. Außerdem sind Schürzen angebracht – es könnte recht schmierig zugehen.

Tipp
Wenn Sie mit einer großen Gruppe arbeiten, lassen Sie mehrere Kinder gleichzeitig die erste Geschmacksprobe testen. Dann kostet die nächste Gruppe die nächste Geschmacksprobe und so weiter, bis alle Proben untersucht worden sind.

6. Geschmacks-Sensationen (S. 53)
Ziel
Neue Geschmacksrichtungen ausprobieren.

Info
Kinder haben mehr Geschmacksknospen als Erwachsene. Ihre Vorlieben und Abneigungen verändern sich, wenn sie älter werden.

Wichtig!
Bei dieser Übung ist die Hilfe von Erwachsenen notwendig. Außerdem sind Schürzen angebracht – es könnte recht schmierig zugehen.

Tipp
Wenn Sie mit einer großen Gruppe arbeiten, lassen Sie mehrere Kinder gleichzeitig die erste Geschmacksprobe testen. Dann kostet die nächste Gruppe die nächste Geschmacksprobe und so weiter, bis alle Proben untersucht worden sind.

Alles über das Hören

1. Wellen schlagen (S. 56)
Ziel
Den Kräuseleffekt beobachten, der durch Schwingungen erzeugt wird.

Info
Schwingungen breiten sich nach außen in alle Richtungen aus. Sie gleichen den Wellen, die durch einen Tropfen Lebensmittelfarbe erzeugt werden.

Wichtig!
Nehmen Sie nur einen Tropfen. Je dunkler die Farbe, desto größer die Wirkung. Bei diesem Versuch ist die Hilfe von Erwachsenen erforderlich.

Tipp
Um das Phänomen zusätzlich zu illustrieren, sprechen Sie mit den Kindern darüber, was passiert, wenn man einen Stein ins Wasser wirft.

2. Erbsen-Tanz (S. 57)
Ziel
Beobachten, wie Erbsen auf Schwingungen reagieren.

Info
Schwingungen werden von einem Gegenstand auf einen anderen übertragen.

Wichtig!
Man muss fest genug gegen die Trommel schlagen, um Bewegungen sehen zu können, aber nicht so fest, dass die Erbsen vom Deckel fallen.

Tipp
Sie können auch aus einer runden Keksdose eine Trommel basteln, wenn Sie die Öffnung mit Plastikfolie überspannen und mit einem Gummiring befestigen.

3. An der Strippe (S. 58)
Ziel
Ein lustiges Telefon basteln.

Info
Konservendosen übertragen den Schall besser als Pappbecher. Wenn Ihnen der Umgang mit Hammer und Nagel jedoch zu gefährlich ist, können Sie natürlich auch einen Pappbecher nehmen, in den die Kinder dann Löcher mit einem Nagel stechen können.

Wichtig!
Damit das Telefon funktionieren kann, muss die Kordel straff gespannt sein.

Tipp
Dieses Telefon ist ein echter Hit. Versuchen Sie es, den Kindern zu ermöglichen, dass jeder eins für sich basteln kann.

4. Für Geräuschdetektive (S. 59)
Ziel
Einem Geräusch nachspüren, das aus einem Versteck im Zimmer kommt.

Zu den Versuchen

Info
Wir benutzen beide Ohren, um Geräuschquellen ausfindig zu machen.
Wichtig!
Wenn Sie mit einer großen Gruppe von Kindern arbeiten, sollten Sie den Wecker/die Eieruhr verstecken, bevor die Kinder ins Zimmer kommen.
Tipp
Es kann vorkommen, dass Kinder den Wecker/die Eieruhr mit den Augen suchen. Erinnern Sie sie behutsam daran, dass wir nur unsere Ohren benutzen wollen und helfen Sie ihnen dadurch, sich auf das zu konzentrieren, was sie hören.

5. Gleichklänge (S. 60)
Ziel
Klangpaare finden.
Info
Wir können Klänge und Geräusche hören und uns an sie erinnern.
Wichtig!
Alle Döschen müssen die gleiche Form und Größe haben.
Tipp
Etwas größere Plastikeier sind sehr gut geeignet. Die Kinder benutzen sie gerne als Schüttelinstrumente. Kleben Sie die Eihälften einfach zusammen und schon haben Sie ein Rhythmusinstrument. In größeren Kaufhäusern können Sie die Eier das ganze Jahr über finden. (Natürlich sind Filmdöschen oder das Innere von Überraschungseiern genauso gut geeignet.)
Bei diesem Versuch ist die Hilfe von Erwachsenen notwendig.

6. Musik aus dem Wasserglas (S. 61)
Ziel
Sich selbst eine Melodie ausdenken und aufzeichnen.
Info
Kinder können sich leicht ihre eigene Musik ausdenken.
Wichtig!
Hier ist Hilfe von Erwachsenen sinnvoll. Beim Hantieren mit Lebensmittelfarben und Wasser kann einiges danebengehen.
Tipp
Dieser Versuch lässt sich auch als Übung im Abmessen einsetzen. Als Herausforderung für größere Kinder können Sie noch mehr Gläser und Farben bereitstellen.

7. Saitenspiele (S. 62)
Ziel
Die Klänge erkunden, die verschiedene Materialien erzeugen.
Info
Ein dickes Gummiband klingt tiefer als die dünne Angelschnur.

Wichtig!
Für diesen Versuch brauchen Sie unbedingt ein Gummiband, das fest um die Kaffeedose gespannt werden kann.
Tipp
Probieren Sie so viele verschiedene „Saiten" wie möglich aus. Jede hat ihre Eigenarten und erzeugt ihren eigenen Klang.

8. Ein Mini-Megaphon (S. 63)
Ziel
Die Wirkung erkunden, die ein Mini-Megaphon auf die Erzeugung von Klängen und Geräuschen hat.
Info
Das Mini-Megaphon verstärkt die Stimme nicht so sehr wie ein richtiges Megaphon.
Wichtig!
Nehmen Sie für diesen Versuch Tonpapier statt normales Papier.
Tipp
Sie können mit den Kindern auch ein größeres Megaphon bauen, indem Sie z.B. die Schablone (S. 63) vergößert kopieren bzw. abzeichnen.

9. Was ist, wenn ...? Kein Hörsinn! (S. 64)
Ziel
Für einen begrenzten Zeitraum erleben, wie ein Leben ohne Gehör sein könnte.
Info
Menschen, die schwerhörig oder taub sind, benutzen das Fingeralphabet oder die Gebärdensprache, um sich untereinander zu verständigen.
Wichtig!
Achten Sie darauf, dass die Ohrstöpsel die Ohren der Kinder gut verschließen ohne zu stören. Die Ohrstöpsel dürfen nicht zu klein sein und nicht zu tief in die Ohren geschoben werden.
Tipp
Es kann sein, dass die Kinder diesen Versuch als frustrierend empfinden. Nutzen Sie diese Gelegenheit, um ihnen die Lage von Kindern zu veranschaulichen, die nicht hören können.

10. Ein Spaziergang für die Ohren (S. 65)
Ziel
Die Geräusche und Klänge in unserer Umgebung erkunden.
Info
Manchmal vergessen wir, all den Geräuschen und Klängen um uns herum zu lauschen.
Wichtig!
Bei diesem Versuch sind Hilfe und Begleitung von Erwachsenen notwendig.
Tipp
Die Augenbinde macht es den Kindern leichter, sich auf ihren Hörsinn zu konzentrieren. Wenn Sie mit einer großen Gruppe von Kindern arbeiten, lassen Sie sie stattdessen die Augen schließen.

Von den Sinnen singen

Das Lied vom Forschen
Ein Wissenschaftler forscht und fragt,
macht Experimente.
Er zählt und misst und braucht dazu
Augen, Ohr'n und Hände.
Alle Sinne sind hellwach
und dabei denkt er scharf nach,
will die Antwort finden.

*Zu der Melodie von
„Auf unsrer Wiese gehet was".*

Meine Haut
Die Haut umgibt mich ganz und gar,
von Kopf bis Fuß, so wunderbar
bin ich geschützt und eingehüllt.

Die Fingerspitzen sind gerillt
und jede zeigt ein andres Bild,
das einzig ist auf dieser Welt.

Mach ich den Arm lang, reckt sie sich.
Die Haut ist gar nicht zimperlich
und macht bei jeder Regung mit.

*Zu der Melodie von
„Jetzt fängt das schöne Frühjahr an".*

Meine Nase
Meine Nase schnuppert
in der Küche rum,
in der Küche rum,
(2x singen):
riecht dort Pfeffer, Knoblauch
und Basilikum.

Meine Nase atmet
alles ringsumher,
alles ringsumher,
(2x singen):
Düfte zu erkennen
fällt ihr gar nicht schwer.

Meine Nase wittert
nicht nur Blumenduft,
nicht nur Blumenduft,
(2x singen):
warnt auch, wenn Gefahren
liegen in der Luft.

*Zu der Melodie von
„Alle meine Entchen"*

Meine Augen
Ich hab zwei Augen und wisst ihr, was ich seh?
Pechschwarze Raben und blütenweißen Schnee.
Ich seh auch bunte Blumen in Gelb und Rot und Blau
und andre Farben, egal, wohin ich schau.

Ich hab zwei Augen und wisst ihr, was ich kann?
Sehen im Dunkeln, mit allem Drum und Dran.
Am Tag sieht alles bunt aus, doch abends ist es grau.
Trotzdem erkenn ich die Sachen ganz genau.

Ich hab zwei Augen und wisst ihr, was ich seh?
Vögel am Himmel und Mücken in der Näh'.
Ich seh auch meine Hände, im Spiegel mein Gesicht.
Nur meinen Rücken, den seh ich leider nicht.

*Zu der Melodie von
„Hänsel und Gretel"*

Meine Zunge
Streck ich dir die Zunge raus,
siehst du kleine Höcker.
Damit schmeck ich Erdbeereis,
Hustensaft und dicken Reis
und wenn ich ins Brötchen beiß,
merk ich: das ist lecker!

Fühlen kann die Zunge auch,
weiß beim ersten Bissen,
ob was weich ist oder hart,
zäh wie'n alter Ziegenbart,
knackig oder blütenzart:
das lässt sie mich wissen.

*Nach der Melodie von
„Alle Vögel sind schon da".*

Meine Ohren
Zum Glück hab ich zwei Ohren,
die schnappen alles auf:
die Vögel hör'n sie singen,
die Glocken hör'n sie klingen,
lauf ich die Treppe rauf,
dann hör'n sie, wie ich schnauf.

Zum Glück hab ich zwei Ohren,
die hör'n sich gerne an,
wie dicke Hummeln brummen
und Honigbienen summen.
Wie gut, so denk ich dann,
dass ich das hören kann.

*Zu der Melodie von
„Der Kuckuck und der Esel"*

Arbeits-Pass von:

Angebot	erledigt am ...	kontrolliert/ vorgestellt am ...

Infotext
Alles über das Fühlen

Was die Haut alles kann

- Deine Haut ist das **größte Organ** deines Körpers. Die Fingernägel, Haare, Zehennägel und die Zunge gehören ebenso dazu wie die Mundhöhle, das Innere der Nase und der Gehörgänge. Sie bedeckt deinen ganzen Körper.

- Deine Haut hat erstaunliche **Fähigkeiten**. Sie dehnt und streckt sich, wenn du dich dehnst und streckst. Das macht es dir leicht, dich in unterschiedliche Richtungen zu bewegen.

- So **berührungsempfindlich** wie deine Finger ist kein anderer Teil deines Körpers. Die Finger übermitteln dir wichtige Informationen über die Welt ringsum.

- Du kannst einen **Gegenstand** allein daran **erkennen**, wie er sich anfühlt. Du kannst den Unterschied zwischen einem glatten Apfel und einer Orange mit ihrer unebenen Schale oder zwischen einem warmen, filzigen Tennisball und einem harten, kalten Golfball ausschließlich durch deinen **Tastsinn** feststellen.

- Du weißt, ob etwas weich, rauh, gemustert oder pelzig ist. Der **Tastsinn** lässt dich **fühlen**, ob etwas hart wie ein Stein oder weich wie ein Federkissen ist.

- Deine Finger können einen Gegenstand auch an seiner **Form erkennen**. Durch ihre Form kannst du eine Banane von einem Apfel unterscheiden.

- Deine Finger sind sehr **temperaturempfindlich**. Du weißt, ob etwas heiß, kalt oder warm ist, wenn du es anfasst.

- Der Tastsinn hilft dir zu entscheiden, ob etwas **nass** oder **trocken** ist.

- Auf der ganzen Welt gibt es niemanden, der dieselben **Fingerabdrücke** wie du hat. Deine Fingerabdrücke sind einzigartig.

- Der Tastsinn **schützt** dich **vor Schäden**, indem er dich warnt, wenn du etwas anfasst, das zu heiß ist. Du fühlst Schmerz und ziehst deine Hand schnell weg. Er sagt dir, ob das Badewasser zu heiß und deshalb gefährlich ist.

- Unsere Haut ist sehr **empfindlich** und muss vor den schädlichen Strahlen der Sonne geschützt werden. Deshalb ist es so wichtig, Sonnencreme zu benutzen.

Dehnbare Haut

1. Streckübungen für Raupen

Das brauchst du
- Klebe-Tattoos mit Raupen oder anderen Insektenmotiven
- Wasser und Seife

Was meinst du?
Wenn ich ein Tattoo von einer Raupe auf die Innenseite meines Arms übertrage und dann meinen Arm lang mache, wird die Raupe
- ☐ lang.
- ☐ kurz.

Wusstest du schon?
Die Haut zieht sich zusammen und dehnt sich, wenn du dich beugst und streckst.

Los geht's!
1. Strecke deinen Arm aus und lege ein Tattoo auf die Innenseite deines Ellbogens.
2. Dann folgst du der Gebrauchsanleitung auf der Packung.
3. Wenn das Tattoo festklebt, streckst du den Arm nach vorne. Was siehst du? Ist die Raupe lang oder kurz?
4. Nun winkelst du den Arm ein wenig an. Was ist mit der Raupe geschehen? Ist sie kürzer oder länger geworden?

Köpfchen, Köpfchen!
Wenn mein Arm ausgestreckt ist, ist die Haut ...
Wenn mein Arm angewinkelt ist, ist die Haut ...

Temperaturempfinden

2. Heiß oder kalt?

Wusstest du schon?
Die Finger sind sehr temperaturempfindlich.

Das brauchst du
- 3 Kaffeebecher: einen mit kaltem Wasser, einen mit warmem Wasser, einen mit sehr warmem Wasser (das Wasser muss fast heiß sein, aber nicht so heiß, dass ihr euch verbrüht)
- einen großen Plastikbehälter (zum Beispiel eine Spülschüssel)

Was meinst du?
Wenn ich mit kaltem Wasser in Berührung komme, kann ich

☐ erkennen, dass es kalt ist.

☐ nicht erkennen, dass es kalt ist.

Los geht's!
1. Zuerst stellst du die vollen Kaffeebecher in die Plastikschüssel.
2. Dann steckst du den linken Zeigefinger in das kalte Wasser. Fühlt es sich kalt an?
3. Nun steckst du den rechten Zeigefinger in das heiße Wasser. Fühlt es sich heiß an?
4. Jetzt zählst du bis zwanzig.
5. Nimm die Finger aus den Kaffeebechern und stecke beide in den Becher mit warmem Wasser.
6. Was ist passiert? Ist dein Kopf durcheinander geraten?

Köpfchen, Köpfchen!
Als ich meine beiden Zeigefinger in das warme Wasser gesteckt habe, hat mein Gehirn ...

Tastsinn testen

3. Für Fingerdetektive

Wusstest du schon?
Du kannst Gegenstände allein an ihrer Form erkennen.

Das brauchst du
- einen Partner
- eine Augenbinde
- eine Auswahl von ganz unterschiedlich geformten Dingen in einer Pappschachtel, wie zum **Beispiel**:
- einen kleinen Malpinsel aus Plastik
- einen ganz kleinen Ball
- einen kleinen Stein aus dem Garten
- einen kleinen Schwamm
- eine Feder
- einen kugelförmigen Lutscher (im Einwickelpapier)

Was meinst du?
Mein Partner kann die Sachen in der Schachtel
- ☐ an ihrer Form erkennen.
- ☐ nicht an ihrer Form erkennen.

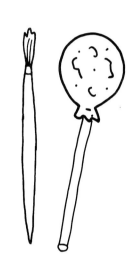

Los geht's!
1. Verbinde deinem Partner mit der Augenbinde die Augen.
2. Bitte deinen Partner, einen Gegenstand in der Schachtel auszuwählen.
3. Bevor er den Gegenstand hervorholt, soll er mit Hilfe seiner Hände erraten, um was es sich hier handelt.
4. Wechselt euch beim Hereingreifen in die Krabbelkiste ab und wiederholt dabei die Schritte 1 bis 3.

Köpfchen, Köpfchen!
Als mein Partner die Gegenstände in der Schachtel betastete, haben seine Finger ...

Von den **Sinnen**

Klangschwingungen

4. Meine Finger können hören

Das brauchst du
- nur dich

Was meinst du?
Wenn ich ein Lied singe, kann ich den Klang vorne an meinem Hals
- ☐ fühlen.
- ☐ nicht fühlen.

Wusstest du schon?
Schwingungen kann man nicht nur hören, sondern auch fühlen.

Los geht's!
1. Als Erstes legst du dir die Hand auf die Vorderseite des Halses, auf die Kehle.
2. Nun sagst du: „Hallo!" Konntest du den Klang spüren? Wie ist es, wenn du hustest, lachst oder knurrst?
3. Singe dein Lieblingslied und spüre die Schwingungen an deiner Kehle.
4. Kannst du spüren, wie die Schwingungen wandern? Warum, meinst du, kannst du deine Stimme fühlen?

Köpfchen, Köpfchen!
Ich kann meine Stimme an meiner Kehle fühlen, weil ...

Oberflächenstrukturen

5. Fingerübungen

Wusstest du schon?

Deine Finger können gleiche Oberflächenstrukturen herausfinden. Das heißt, du kannst fühlen ob etwas weich, rauh pelzig usw. ist und das passende Gegenstück dazu finden.

Das brauchst du

- jeweils 2 Stoff-Reste vom gleichen Stoff, zum **Beispiel**:
- Jute
- Satin-artigen Stoff
- Samt-artigen Stoff
- Baumwollstoff
- Vlieseinlage
- 1 großen Tonkarton
- Klebstoff, Schere
- einen Schuhkarton

Was meinst du?

Ich kann für jedes Stoffstück auf dem Fühlbild

☐ ein passendes Gegenstück finden.

☐ kein passendes Gegenstück finden.

Los geht's!

1. Zuerst beklebst du den Tonkarton mit allen Stoffproben, die du zur Verfügung hast und stellst so ein „Fühl-Bild" her. Wichtig dabei ist, dass du für jede Stoffprobe, die du aufklebst, ein passendes Gegenstück hast. Diese Gegenstücke legst du in den Schuhkarton.
2. Betaste nun zuerst eine Stoffprobe auf deinem fertigen „Fühl-Bild".
3. Ohne hinein zu sehen, greifst du nun in den Schuhkarton und suchst mit den Fingern nach einem passenden Gegenstück.
4. Zieh das Stoffstück aus dem Schuhkarton und sieh nach, ob du richtig gefühlt hast.
5. Die Schritte 1–4 wiederholst du so lange, bis du für alle Stoffstücke auf dem „Fühl-Bild" ein passendes Gegenstück gefunden hast.

Köpfchen, Köpfchen!

Als ich versuchte, die passenden Stoffstücke zu finden, sagten mir meine Finger …

Von den Sinnen

Berührungs-empfindlichkeit

6. Wie viele Pinsel?

Wusstest du schon?
Es gibt Stellen an deinen Armen, an denen du Berührungen deutlicher spürst als an anderen.

Das brauchst du
- eine Augenbinde
- einen Partner
- zwei kleine Pinsel mit spitz zulaufendem Stiel

Was meinst du?
Ich kann

☐ sagen, ob die spitzen Enden von zwei Pinselstielen mich berühren.

☐ nicht sagen, ob die spitzen Enden von zwei Pinselstielen mich berühren.

Los geht's!
1. Bitte deinen Partner, die Augenbinde anzulegen.
2. Nun nimmst du einen Pinsel in die Hand und berührst deinen Partner behutsam mit der Stielspitze an der Innenseite seines Arms. Fühlt er eine oder zwei Spitzen?
3. Als Nächstes nimmst du beide Pinsel in die Hände und berührst deinen Partner behutsam mit beiden Stielspitzen an der Innenseite seines Arms. Fühlt er eine oder zwei Spitzen?
4. Die Schritte 2 und 3 führst du erst an verschiedenen Stellen am Arm deines Partners aus und gehst dann zu seinem Hals, genau unterhalb des Haaransatzes.
5. Bitte deinen Partner, die Pinselspitzen an dir auszuprobieren. Dabei sollte er die Reihenfolge der Tests abändern.
6. Probiere aus, wie sich die Pinselhaare auf deiner Haut anfühlen. An welchen Stellen ist dein Arm am empfindlichsten? Wie fühlen sie sich auf deinen Lippen an? Und an deinen Fingerspitzen?

Köpfchen, Köpfchen!
Als mich die Stielspitze am Arm und am Hals berührte, sagte mir meine Haut ...

Von den Sinnen — Eine Werkstatt für den Sachunterricht

Fingerabdrücke

7. Spuren hinterlassen

Das brauchst du
- eine Schürze oder Sachen, die schmutzig werden dürfen
- die Fingerabdruck-Tabelle
- ein Stempelkissen mit farbiger, abwaschbarer Tinte
- Wasser und Seife

Wusstest du schon?
Jeder deiner Finger hinterlässt einen anderen Fingerabdruck und niemand hat dieselben Fingerabdrücke wie du.

Was meinst du?
Wenn ich erst einen Daumenabdruck und dann einen Abdruck eines anderen Fingers auf das Papier drucke, dann sieht mein Daumenabdruck

☐ genauso aus wie die anderen Fingerabdrücke.

☐ nicht so aus wie die anderen Fingerabdrücke.

Los geht's!
1. Zuerst drückst du deinen rechten Daumen vorsichtig auf das Stempelkissen.
2. Dann setzt du den Daumen in das erste Kästchen in der Tabelle.
3. Mit den restlichen Fingern deiner rechten Hand machst du es genauso. Kannst du zwischen deinem Daumenabdruck und den anderen Fingerabdrücken unterscheiden?
4. Mache das Gleiche mit der anderen Hand.

5. Vergleiche deine Fingerabdrücke auch mit denen eines anderen Kindes. Sehen sie genauso aus oder sind sie unterschiedlich?

Köpfchen, Köpfchen!
Alle meine Finger haben ...

Fingerabdruck-Tabelle

	Daumen	Zeigefinger	Mittelfinger	Ringfinger	Kleiner Finger
rechte Hand					
linke Hand					

Tastend Orientieren

8. Wie fühlt es sich draußen an?

Wusstest du schon?
Alles um dich herum hat seine eigene Oberflächenstruktur, das heißt, alles fühlt sich anders an und hat ganz bestimmte Eigenschaften.

Das brauchst du
- die Möglichkeit nach draußen zu gehen
- eine Augenbinde
- einen Begleiter

Was meinst du?
Wenn ich nach draußen gehe und etwas anfasse, kann ich
- ☐ sagen, um was für einen Gegenstand es sich handelt.
- ☐ nicht sagen, um was für einen Gegenstand es sich handelt.

Los geht's!
1. Geh zusammen mit einem Begleiter nach draußen.
2. Nun legst du die Augenbinde an und lässt dich von deinem Begleiter zu etwas führen, das du ohne Verletzungsgefahr anfassen kannst. Versuche den Gegenstand zu benennen, den du gerade anfasst. Achte auch darauf, wie sich Sonne oder Regen auf deinem Gesicht anfühlen. Geht ein Wind? Wie fühlt es sich an, wenn der Wind dir die Haare zaust? Wie fühlt es sich an, wenn deine Haare den Hals oder das Gesicht berühren? Beschreibe, was du fühlst.
3. Nimm die Augenbinde ab. Male Bilder von den Sachen, die du ertastet hast oder schreibe auf, wie sie sich für dich anfühlten.

Köpfchen, Köpfchen!
Als ich draußen umherging, konnte ich fühlen, ...

Von den Sinnen — Eine Werkstatt für den Sachunterricht

Ohne Tastsinn

9. Was ist, wenn ... ?
Kein Tastsinn!

Das brauchst du
- Kinderhandschuhe
- eine Eieruhr oder Wecker
- eine Augenbinde
- eine „Fühlkiste", d.h. einen Schuhkarton mit allen möglichen Gegenständen (kleiner Ball, Feder, Blatt, Stein u.Ä.)
- Stift und Papier

Was meinst du?
Wenn ich etwas nicht mit den Fingern berühren kann, kann ich meine anderen Sinne

☐ zu Hilfe nehmen.

☐ nicht zu Hilfe nehmen.

Wusstest du schon?
Menschen, die keinen Tastsinn mehr haben, nehmen ihre anderen Sinne zur Hilfe, um die Welt um sich herum zu begreifen.

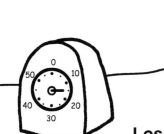

Los geht's!
1. Zuerst stellst du die Eieruhr/Wecker auf 15 Minuten ein.
2. Dann ziehst du die Handschuhe an. Du lässt sie so lange an den Händen, bis die 15 Minuten vorbei sind.
3. Verbinde dir mit der Augenbinde die Augen. Versuche nun mit den Handschuhen an den Händen die Gegenstände in der Fühlkiste zu ertasten und zu erraten, was du in den Händen hältst.
4. Nimm dann die Augenbinde ab und hole dir einen Stift und Papier. Versuche mit den Handschuhen an den Händen zu schreiben.
5. Wie war es, die Sachen nicht direkt ertasten zu können? Was ist passiert, als du versuchtest zu schreiben? Konntest du die Sachen in der Fühlkiste erkennen? Mit welchen anderen Sinnen konntest du dich behelfen? Welchen Gefahren wärest du ausgesetzt, wenn du keinen Schmerz und keine Hitze spüren würdest?

Köpfchen, Köpfchen!
Als ich nicht fühlen konnte, ...

Infotext
Alles über das Riechen

Was die Nase alles kann

- Dein **Geruchssinn** vermittelt dir Informationen über die Welt um dich herum. Dein Gehirn kann zwischen über zehntausend Gerüchen unterscheiden!

- Du kannst **Düfte** am besten wahrnehmen, wenn du mit deiner Nase die Dämpfe eines Duftstoffes aufschnüffelst.

- Wenn **Nahrungsmittel** verdorben sind, riechen sie schlecht. Dein Geruchssinn sagt dir, dass du sie nicht essen solltest. Wenn Milch sauer riecht, weißt du, dass du sie besser nicht trinkst.

- Deine Nase schickt **Botschaften** an dein Gehirn, während du etwas kaust. Das hilft dir, das Essen zu schmecken, das du gerade zu dir nimmst.

- Der **Geruchssinn schützt** dich **vor Gefahren**. Wenn du Rauch riechst, weißt du, dass womöglich ein Feuer in der Nähe ausgebrochen ist. Deine Nase kann dir Informationen geben, noch bevor du ein Feuer siehst.

- Durch den **Geruchssinn hilft** dir dein Gehirn, die Sachen um dich herum schnell zu erkennen. Du weißt, wie eine Blume riecht und deshalb kannst du sie **identifizieren**, auch ohne sie zu sehen.

- Der **Geruchssinn** hilft dir, dich daran zu **erinnern**, bei welchen Gelegenheiten du einen Duft schon einmal gerochen hast. Wenn du ein bestimmtes Parfüm riechst, erinnert es dich vielleicht an jemanden, den du besonders magst. Wenn du etwas Bestimmtes zum Essen riechst, erinnert es dich vielleicht an besondere Festtage. Wenn du etwas riechst, von dem dir einmal schlecht geworden ist, willst du es womöglich nicht wieder essen.

- Einige **Düfte machen** dich **glücklich**, andere Düfte machen dich **traurig**. Der Duft von leckerem Essen kann dich **hungrig** machen.

Geruchssinn testen

1. Riechen und raten

Wusstest du schon?
Die meisten Sachen haben ihren ganz eigenen Geruch.

Das brauchst du
- 3 Untertassen
- Löffel zum Abmessen
- Zitronen-, Bittermandel- und Vanille-Backaroma
- 6 leere Filmdöschen
- 6 weiße unparfümierte Wattebäusche
- 6 bunte Aufkleber zum Beschriften (2 von jeder Farbe)

Was meinst du?
Wenn ich Zitronenduft rieche, kann ich
☐ ein passendes Gegenstück dazu finden.
☐ kein passendes Gegenstück dazu finden.

Los geht's!
1. Zuerst misst du einen halben Teelöffel Vanille-Aroma ab und gibst es auf eine der Untertassen.
2. Jetzt tunkst du zwei Wattebäusche vorsichtig mit einem Ende in das Vanille-Aroma und schiebst sie dann mit dem getränkten Ende zuerst in jeweils ein Filmdöschen. Zum Schluss verschließt du die Döschen wieder mit den Plastikdeckeln.
3. Auf zwei gleichfarbige Aufkleber schreibst du jeweils ein V für Vanille und klebst je einen auf die Unterseite der Döschen.
4. Mit den anderen Aromen wiederholst du die Schritte 1–3.
5. Dann bringst du die sechs gefüllten Behälter durcheinander und versuchst, die zueinander passenden Döschen zu „erschnuppern".

Köpfchen, Köpfchen!
Als ich an den getränkten Wattebäuschen schnupperte, hat meine Nase ...

(Das „Geruchs-Rate-Spiel" kannst du natürlich noch mit ganz vielen anderen Geruchsproben machen.)

Geruchssinn testen

2. Für Nasendetektive (I)

Das brauchst du

- mindestens 5 leere Filmdöschen
- mindestens 5 Zutaten von der folgenden Liste:
- Kaugummi
- kleine Käsewürfel
- Pfefferminzbonbons (je nach Größe entweder zerkleinert oder am Stück)
- Popcorn
- ein Stück Schokolade
- Erdbeermarmelade
- 1 zerbröselter Keks
- ein Stück Marzipan
- Cornflakes
- 5 bis 9 Aufkleber zum Beschriften (alle in der gleichen Farbe)
- die Bingo-Vorlage 1 (S. 39)
- eine Augenbinde (nicht unbedingt)

Wusstest du schon?
Unser Geruchssinn funktioniert viel besser als unser Geschmackssinn.

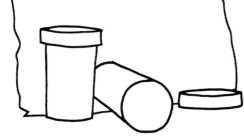

Was meinst du?
Wenn ich an den Döschen schnuppere, kann ich auf der Bingo-Vorlage

☐ das Bild finden, das zu dem Geruch passt.

☐ nicht das Bild finden, das zu dem Geruch passt.

Köpfchen, Köpfchen!
Als ich an den Döschen schnupperte, hat meine Nase ...

Los geht's!

1. Zunächst legst du jede einzelne Schnupperprobe in ihr eigenes Filmdöschen.
2. Dann beschriftest du genügend Aufkleber mit dem jeweiligen Inhalt der Döschen. Die Aufkleber klebst du jeweils auf die Unterseite der Döschen.
3. Nun legst du die Bingo-Vorlage vor dich hin und mischt die Döschen.
4. Mit geschlossenen Augen oder mit der Augenbinde vor den Augen nimmst du ein Döschen in die Hand.
5. Nimm den Deckel ab und schnuppere daran. Dann verschließt du das Döschen wieder und stellst es auf das entsprechende Bild auf der Bingo-Vorlage.
6. Die Schritte 1–5 wiederholst du mit allen anderen Döschen. Bekommst du eine Dreierreihe auf der Bingo-Vorlage zusammen?

Geruchssinn testen

3. Für Nasendetektive (II)

Wusstest du schon?
Selbst wenn du einen Geruch erkennst, kann es sein, dass du ihn ohne weitere Hilfe nicht benennen kannst.

Das brauchst du
- Wattebäusche
- mindestens 5 leere Filmdöschen
- mindestens 5 oder mehr Zutaten von der folgenden Liste:
- Babyshampoo (auf einen Wattebausch geben)
- Kölnisch Wasser oder ein zartes Parfum (auf einen Wattebausch geben)
- Fichtennadeln oder Fichtennadeln-Badezusatz (auf einen Wattebausch geben)
- Wachsmalstift-Bröckchen
- Knete
- Blütenblätter
- 1 Teelöffel Kaffeemehl
- Seifenflöckchen
- Zahnpasta (auf einen Wattebausch geben)
- 5 bis 9 runde Aufkleber, alle in derselben Farbe
- die Bingo-Vorlage 2 (S. 39)
- eine Augenbinde (nicht unbedingt)

Köpfchen, Köpfchen!
Als ich an den Döschen schnupperte, hat meine Nase ...

Was meinst du?
Wenn ich an den Döschen schnuppere, kann ich auf der Bingo-Vorlage

☐ das Bild finden, das zu dem Geruch passt.

☐ nicht das Bild finden, das zu dem Geruch passt.

Los geht's!
1. Zunächst legst du jede einzelne Schnupperprobe in ihr eigenes Döschen.
2. Dann beschriftest du genügend Aufkleber mit dem jeweiligen Inhalt der Döschen. Die Aufkleber klebst du auf die Unterseite der Döschen.
3. Nun legst du die Bingo-Vorlage vor dich hin und mischst die Döschen.
4. Mit geschlossenen Augen oder der Augenbinde vor Augen nimmst du ein Döschen in die Hand. Nimm den Deckel ab und schnuppere daran. Dann verschließt du das Döschen wieder und stellst es auf das entsprechende Bild auf der Bingo-Vorlage.
5. Die Schritte 1–4 wiederholst du mit allen anderen Döschen. Bekommst du eine Dreierreihe auf der Bingo-Vorlage zusammen?

Von den Sinnen

Für Nasendetektive (I/II)

Bingo-Vorlage 1

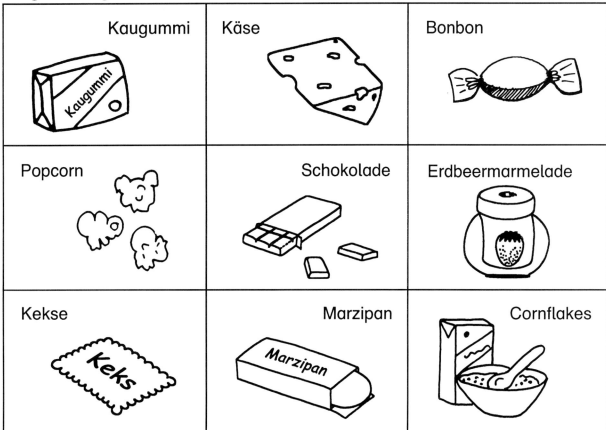

Bingo-Vorlage 2

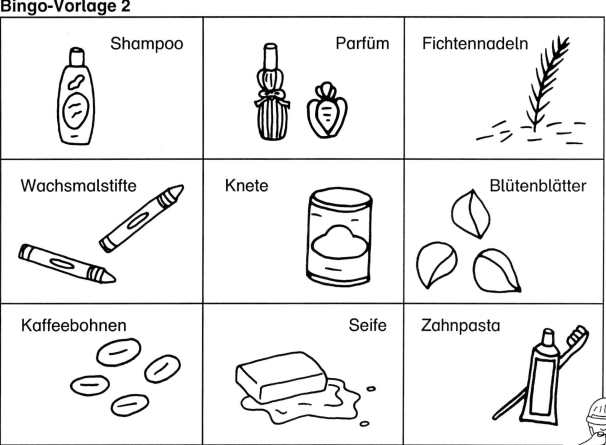

Geruchssinn testen

4. Für Nasendetektive (III)

Das brauchst du
- Wattebäusche
- mindestens 5 leere Filmdöschen
- mindestens 5 Zutaten der folgenden Liste:
- Pizzagewürz (auf einen Wattebausch geben)
- Zimtpulver (auf einen Wattebausch geben)
- Knoblauchpulver (auf einen Wattebausch geben)
- Butterflöckchen
- Schokoladenstückchen
- Erdbeermarmelade
- Zitronen-Backaroma
- Zwiebelpulver
- Pfefferkörner
- 5 bis 9 Aufkleber (alle in derselben Farbe)
- die Bingo-Vorlage 3 (S. 42)
- eine Augenbinde (nicht unbedingt)

Wusstest du schon?
Die Nase kann mehr als zehntausend verschiedene Gerüche erkennen.

Was meinst du?
Wenn ich an den Döschen schnuppere, kann ich auf der Bingo-Vorlage

☐ das Bild finden, das zu dem Geruch passt.
☐ nicht das Bild finden, das zu dem Geruch passt.

Köpfchen, Köpfchen!
Als ich an den Döschen schnupperte, hat meine Nase...

Los geht's!
1. Zunächst legst du jede einzelne Schnupperprobe in ihr eigenes Döschen.
2. Dann beschriftest du die Aufkleber mit dem entsprechenden Inhalt der Döschen und beklebst sie damit.
3. Nun legst du die Bingo-Vorlage vor dich hin und mischst die Döschen.
4. Mit geschlossenen Augen oder der Augenbinde vor Augen nimmst du ein Döschen in die Hand. Nimm den Deckel ab und schnuppere daran. Dann verschließt du das Döschen wieder und stellst es auf das entsprechende Bild der Bingo-Vorlage.
5. Die Schritte 1–4 wiederholst du mit allen anderen Döschen. Bekommst du eine Dreierreihe auf der Bingo-Vorlage zusammen?

Von den Sinnen

Geruchssinn testen

5. Düfte mit Erinnerungswert

Wusstest du schon?
Einige Gerüche erinnern uns an Orte, an Ereignisse oder an Menschen, die uns wichtig sind.

Das brauchst du
- 4 leere Filmdöschen
- Wattebäusche
- 1/2 Teelöffel Lebkuchengewürz (auf einen Wattebausch geben)
- Popcorn
- zerkrümelte Butterkekse
- duftende Fichten- oder Tannennadeln
- 4 Aufkleber, alle in derselben Farbe
- die Bingo-Vorlage 4 (S. 42)
- eine Augenbinde (nicht unbedingt)

 ## Was meinst du?
Wenn ich an den Döschen schnuppere, werden
- ☐ Erinnerungen wach.
- ☐ keine Erinnerungen wach.

Los geht's!
1. Zunächst legst du jede einzelne Schnupperprobe in ihr eigenes Döschen.
2. Dann beschriftest du die Aufkleber mit dem jeweiligen Inhalt der Döschen. Die Aufkleber klebst du auf die Unterseite der Döschen.
3. Nun legst du die Bingo-Vorlage 4 vor dich hin und mischst die Döschen.
4. Mit geschlossenen Augen oder mit der Binde vor den Augen nimmst du ein Döschen in die Hand. Nimm den Deckel ab und schnuppere. Dann stellst du es auf ein Bild auf der Bingo-Vorlage, das deiner Meinung nach dazu passt. Erinnert dieser Geruch dich an ein Ereignis, einen Ort oder an einen Menschen?

(Fallen dir noch andere Gerüche ein, die dich an ein ganz bestimmtes Ereignis, Ort oder Menschen erinnern?)

Köpfchen, Köpfchen!
Als ich an dem Döschen schnupperte, fühlte ich ...

Für Nasendetektive (III/IV)

Bingo-Vorlage 3

Bingo-Vorlage 4

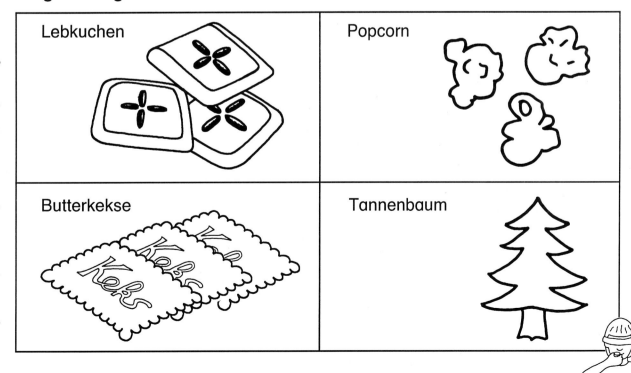

Gewöhnung an Gerüche

6. Wenn die Nase müde wird

Wusstest du schon?
Die Nase „schläft ein", wenn sie denselben Geruch eine Zeit lang gerochen hat.

Das brauchst du
- eine Zimtstange
- eine Schere
- einen alten Schnürsenkel und ein Stück Faden
- ein leeres Filmdöschen mit Deckel

Was meinst du?
Wenn ich eine Zimtstange an einer Halskette trage, kann ich es
- [ ] die ganze Zeit über riechen.
- [ ] nicht die ganze Zeit über riechen.

Los geht's!
1. Zuerst brichst du die Zimtstange in kleine Stücke und bindest zwei/drei Stücke davon mit Hilfe eines Fadens in der Mitte des Schnürsenkels fest.
2. Setz dich nun mit mehreren Kinder in einem Kreis zusammen. Binde dir den Schnürsenkel um den Hals, so dass er wie eine Halskette aussieht.
3. Sobald du feststellst, dass du die Halskette nicht mehr riechst, hebst du die Hand.
4. Gib die Kette weiter, damit ein anderer ausprobieren kann, wie lange er sie riecht.
5. Wenn du mit diesem Versuch fertig bist, legst du die Kette in das Filmdöschen und schließt den Deckel, damit der Duft erhalten bleibt.

Köpfchen, Köpfchen!
Als ich die Zimtkette eine Weile getragen hatte, ...

Geruchserlebnis

7. Nasenkekse

Das brauchst du

- 250 g Rübenkraut
- 250 g Roggenmehl
- 2 Eier
- 125 g Brauner Zucker
- 1 Päckchen Honigkuchengewürz
- 250 g Weizenmehl
- 1 Päckchen (10 g) Hirschhornsalz
- 2 Esslöffel Wasser
- einen Topf
- eine Schüssel
- einen elektrischen Handmixer
- ein Nudelholz
- Backbleche
- Backpapier
- einen Pfannenwender
- ein Messer
- ein Ofengitter
- einen Ofen
- glockenförmige Ausstecher (mit gerader Unterkante und ohne Klöppel) oder einen Ausstecher in der Form einer Erdbeere

Los geht's!

1. Zuerst muss das Rübenkraut in einen Topf gegeben und auf dem Herd bei geringer Hitze erwärmt werden.
2. Dann wird das Roggenmehl untergerührt und dann die Mehl-Rübenkrautmasse zum Abkühlen beiseite gestellt.
3. In der Schüssel rührst du die Eier und den Zucker so lange mit dem Mixer, bis die Mischung schaumig wird.
4. Das Hirschhornsalz wird in etwas Wasser aufgelöst und dann zusammen mit dem Gewürz und dem Weizenmehl zu der Mischung aus Eiern und Zucker gegeben.
5. Schließlich muss man beide Teige gut miteinander vermischen.
6. Der Teig bleibt mindestens einen Tag lang stehen.
7. Der Backofen wird auf 175 – 200°C vorgeheizt.
8. Dann wird der Teig mit dem Nudelholz 1/2 cm dick ausgerollt.
9. Aus der ausgerollten Teigplatte stichst du mit dem glockenförmigen Ausstecher Kekse aus, die du mit dem Messer der Länge nach halbierst. Jede Hälfte sieht dann aus wie eine kleine Nase im Profil.
10. Mit dem Pfannenwender hebst du die Nasenkekse einzeln auf und legst sie auf ein Backblech, das du zuvor mit Backpapier ausgelegt hast.
11. Die Kekse müssen 15 – 25 Minuten lang gebacken werden.
12. Wenn sie fertig sind, legst du sie zum Abkühlen auf das Drahtgitter.
13. Du kannst die fertigen Nasenkekse mit Zuckerguss verzieren oder sie ohne Verzierung essen.
    Egal wie – sie riechen fantastisch und schmecken wunderbar.

(Ergibt ungefähr 35 Nasenkekse)

Geruchserlebnis

8. Mein Duftgarten

Das brauchst du

- kleine Saatschalen
- einen Blumentopf aus Ton
- Blumenerde
- alte Zeitungen
- einen großen Löffel
- Rosmarinsamen
- Lavendelsamen
- Zitronenmelissesamen
- Thymiansamen
- Gartenkressesamen
- eine Hyazinthen- oder Narzissenknolle
- eine Gießkanne
- Wasser
- ein sonnenbeschienener Fensterplatz

Los geht's!

1. Zuerst werden die Saatschalen und der Tontopf zu drei Vierteln mit Blumenerde gefüllt. Dabei solltest du vorher Zeitungspapier ausbreiten, für den Fall, dass Erde danebenfällt.
2. Mit dem Löffel machst du Vertiefungen in die Erde. Die Samen kommen in die Saatschalen. Der Tontopf ist für die Pflanzenknolle vorgesehen.
3. Nun streust du die Samen in die Erde und drückst die Knolle in den Topf.
4. Bedecke Samen und Knolle mit einer Schicht Erde.
5. Jetzt begießt du die Samen und die Knolle mit Wasser und stellst alles an einen sonnigen Platz am Fenster.
6. Es ist wichtig, dass die Pflanzen feucht gehalten werden und in der Sonne stehen.
7. Wenn Samen und Knolle zu Pflanzen herangewachsen sind, kannst du ihren Duft genießen.

Ohne Geruchssinn

9. Was ist, wenn ... ?
Kein Geruchssinn!

Das brauchst du
- Nasenklemmen für Kinder (nicht unbedingt)
- eine Eieruhr
- Kekse, oder etwas Ähnliches zu essen

Was meinst du?
Wenn meine Nase verstopft ist, kann ich alles
- ☐ so riechen und schmecken wie sonst.
- ☐ nicht so riechen und schmecken wie sonst.

Wusstest du schon?
Menschen, die nicht riechen können, haben Schwierigkeiten beim Schmecken.

Los geht's!
1. Stelle die Eieruhr auf 10 Minuten ein.
2. Dann setzt du dir die Nasenklemme auf die Nase. Dabei lässt du dir von einem Erwachsenen helfen. Wenn du keine Nasenklemme hast, halte dir einfach die Nase zu.
3. Esse nun einen Keks (o.Ä.) und richte deine Aufmerksamkeit ganz genau darauf, was du schmeckst.
4. Schreibe auf, ob und was du schmeckst. Wie fühlst du dich, so ohne Geruchssinn? Wenn die Eieruhr klingelt, nimmst du die Nasenklemme wieder ab.
5. Überlege noch einmal, wie du dich ohne deinen Geruchssinn gefühlt hast. Welche Sinne würdest du zu Hilfe nehmen, wenn du zum Beispiel Brandgeruch nicht wahrnehmen oder nicht feststellen könntest, ob ein Nahrungsmittel schlecht geworden ist? Auf welche Weise würden dir deine anderen Sinne helfen?

Köpfchen, Köpfchen!
Als ich nicht riechen konnte, ...

Infotext
Alles über das Schmecken

Was die Zunge alles kann

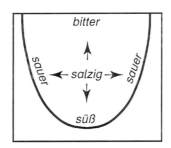

 Auf deiner **Zunge** befinden sich ungefähr zehntausend winzig kleine Geschmacksknospen, die dir sagen, was du schmeckst.

 Du hast viel mehr **Geschmacksknospen** als ein Erwachsener.

 Dein **Geschmackssinn** sagt dir, ob etwas bitter schmeckt wie Kaffee, süß wie Apfelsinen, sauer wie Zitronen oder salzig wie Salzstangen.

 Geschmacksknospen, die einen **bitteren** Geschmack erkennen, liegen normalerweise am hinteren Teil der Zunge, dem Zungengrund. **Saures** wird normalerweise von den Geschmacksknospen erkannt, die sich rechts und links am mittleren Zungenrand befinden. Die Geschmacksknospen, die **Salziges** erkennen, sind über die ganze Zunge verteilt. Die meisten Geschmacksknospen für **Süßes** befinden sich gleich an der Zungenspitze. Auch an der Innenwand der Wangen und am Gaumen sind Geschmacksknospen zu finden.

 Die Flüssigkeit im Mund nennt man **Speichel**. Der Speichel vermischt sich mit dem Essen und macht es dir möglich, es zu schmecken. Wenn deine Zunge trocken ist, kannst du nicht schmecken, was du isst.

 Zum Schmecken brauchst du auch den **Geruchssinn**. Der Duft von dem, was du isst, steigt dir beim Essen geradewegs in die Nase. Der **Geschmackssinn** und der Geruchssinn arbeiten zusammen und übermitteln dir Informationen über den Geschmack.

 Was du isst, kannst du daran erkennen, ob es knusprig, pappig, gummiartig, breiig, knackig, weich oder hart ist. Du weißt, dass frische Äpfel einen bestimmten Geschmack haben und dass sie gleichzeitig saftig sind und sich beim Hineinbeißen knackig anhören. Hafergrütze schmeckt breiig und ist außerdem auf ganz besondere Weise gummiartig. Du weißt, dass dir Schokoladencreme am Gaumen klebt. Lippen, Mund, Zunge und Zähne – alle vermitteln dir **Informationen** über das, was du gerade isst.

 Die Zunge ist sehr **temperaturempfindlich**. Manchmal merkst du erst, wenn du dir die Zunge verbrannt hast, dass du etwas trinkst, das zu heiß ist. Es ist also wichtig zu prüfen, ob die Sachen, die du trinken willst, die richtige Temperatur haben.

Geschmacksknospen

1. Es liegt mir auf der Zunge

Das brauchst du
- einen Partner
- viel Licht
- eine Lupe zum genaueren Hinsehen (nicht unbedingt)

Wusstest du schon?
Deine Zunge ist über und über mit Geschmacksknospen bedeckt, die dir helfen, beim Essen die verschiedenen Geschmacksrichtungen voneinander zu unterscheiden.

Was meinst du?
Wenn ich mir die Zunge meines Partners ansehe, kann ich

☐ kleine Höcker sehen, die die Geschmacksknospen enthalten.

☐ keine kleinen Höcker sehen, die die Geschmacksknospen enthalten.

Los geht's!
1. Wenn dein Partner bereit ist, machst du den Mund auf und streckst deine Zunge heraus.
2. Gib deinem Partner Zeit, genaue Beobachtungen zu machen. Was hat er gesehen?
3. Bitte deinen Partner, dir seine Zunge herauszustrecken. Was siehst du?
4. Habt ihr beide dasselbe gesehen? Glänzen eure Zungen?
5. Nehmt eine Lupe zu Hilfe, wenn ihr noch genauer hinsehen wollt.

Köpfchen, Köpfchen!
Die Zunge meines Partners ...

Von den Sinnen

Geschmackssinn testen

2. Für Geschmacksdetektive

Das brauchst du
- ein Gummibärchen
- eine Salzstange
- ein saures Stäbchen
- geraspelte ungesüßte Schokolade (oder koffeinfreien Instantkaffee)
- eine Serviette
- ein Glas Wasser

Wusstest du schon?
Die Geschmacksknospen auf deiner Zunge nehmen es wahr, wenn du etwas Süßes, Salziges, Saures oder Bitteres in den Mund nimmst.

Was meinst du?
Wenn ich die Geschmacksproben in den Mund nehme, kann mir meine Zunge
- ☐ sagen, wonach es schmeckt.
- ☐ nicht sagen, wonach es schmeckt.

Los geht's!
1. Sieh dir die Geschmacksproben an. Was meinst du, wonach sie schmecken?
2. Nun fängst du mit dem Gummibärchen an. Berühre es mit der Zungenspitze. Was schmeckst du?
3. Berühre mit dem Zungenrand das Gummibärchen. Schmeckt es genauso oder anders?
4. Lege das Gummibärchen in die Mitte deiner Zunge. Hat sich der Geschmack verändert?
5. Jetzt zerkaust du das Gummibärchen langsam. Achte auf die Beschaffenheit. Ist es knackig? Ist es flutschig? Ist es gummiartig?
6. Verändert sich die Beschaffenheit des Gummibärchens, wenn du es isst? Verändert sich der Geschmack?
7. An welcher Stelle auf der Zunge war der Geschmack des Gummibärchens am stärksten?
8. Nimm nun einen Schluck Wasser, um den Geschmack in deinem Mund wegzuspülen.
9. Jetzt ist die Salzstange dran. Gehe alle Schritte von 1 bis 8 noch einmal mit der Salzstange durch.
10. Genauso verfährst du auch mit dem sauren Stäbchen und der ungesüßten Schokolade.

Köpfchen, Köpfchen!
Als ich die einzelnen Geschmacksproben in den Mund nahm, erkannte meine Zunge …

Geschmackssinn testen

3. Geschmackssache

Das brauchst du
- eine Augenbinde
- einen Partner
- Limonade ohne Fruchtfleisch und ohne Kohlensäure in einem kleinen Pappbecher
- Orangensaft ohne Fruchtfleisch in einem kleinen Pappbecher
- Apfelsaft in einem kleinen Pappbecher
- eine Serviette

Wusstest du schon?
Du kannst den Geschmack sowohl von Speisen als auch von Getränken sehr gut erkennen.

Was meinst du?
Wenn ich einen Saft trinke, kann ich ihn
- [ ] am Geschmack erkennen und sagen um welche Sorte es sich handelt.
- [ ] nicht am Geschmack erkennen und nicht sagen um welche Sorte es sich handelt.

Los geht's!
1. Zuerst legst du die Augenbinde an.
2. Bitte deinen Partner, dir einen Becher mit Saft zu reichen.
3. Probiere den Saft und sage, um welche Sorte es sich deiner Meinung nach handelt.
4. Die Schritte 2 und 3 führst du auch mit den anderen beiden Saftbechern durch.
5. Wie oft hast du richtig geraten?
6. Wenn dein Partner auch raten möchte, wiederholt ihr die Schritte 1 bis 5.

Köpfchen, Köpfchen!
Als ich die verschiedenen Saftsorten trank, hat meine Zunge ...

Funktion des Speichels

4. Auf dem Trockenen

Wusstest du schon?
Deine Zunge braucht Speichel, um die verschiedenen Geschmacksrichtungen wahrnehmen zu können.

Das brauchst du
- ein sauberes Papierhandtuch
- einen Papierkorb
- ein Zuckerstück
- einen kleinen Becher mit Wasser

Was meinst du?
Wenn ich ein Zuckerstück mit meiner trockenen Zungenspitze berühre, kann ich den Zucker

☐ schmecken.
☐ nicht schmecken.

Los geht's!
1. Mit einem Papierhandtuch tupfst du dir deine Zungenspitze trocken.
2. Nun berührst du mit dem Zuckerstück die Zungenspitze. Schmeckst du etwas?
3. Lege dir das Zuckerstück auf die Zunge. Warte einen Moment, bis die Zunge wieder Speichel produziert hat.
4. Wie schmeckte das Zuckerstück, als deine Zunge wieder feucht geworden war? Welche Form hast du gefühlt? Wie hat sich die Beschaffenheit verändert, als du es gegessen hast?

Köpfchen, Köpfchen!
Als ich das Zuckerstück mit trockener Zunge probiert habe, …

Von den Sinnen

Beschaffenheit von Speisen

5. Zungenfertigkeiten

Wusstest du schon?
Die unterschiedliche Beschaffenheit von Speisen hilft dir zu erkennen, was du isst.

Das brauchst du
- einen Partner
- eine Augenbinde
- kleine Plastiklöffel
- Geschmacksproben in kleinen Pappbechern, wie zum **Beispiel**:
- Hafergrütze (breiig)
- Croutons (knusprig)
- Vollkornzwieback, in Apfelmus gestippt (klitschig)
- Weingummi (gummiartig)
- Apfelmus (weich)
- Möhrenscheiben (knackig)
- kleine harte Bonbons

Was meinst du?
Wenn ich die Geschmacksproben probiere, kann ich ihre Beschaffenheit

☐ erkennen und weiß, was ich im Mund habe.

☐ nicht erkennen und weiß nicht, was ich im Mund habe.

Los geht's!
1. Suche dir einen Partner und bitte ihn, die Augenbinde anzulegen.
2. Lass deinen Partner die erste Geschmacksprobe kosten. Was meint er, was er da isst? Bitte ihn zu beschreiben, wie es sich im Mund anfühlt und wie es sich beim Essen anhört.
3. Nun bist du an der Reihe und legst dir die Augenbinde an.
4. Du probierst die zweite Geschmacksprobe. Was meinst du, was du isst? Beschreibe deinem Partner, wie es sich im Mund anfühlt und wie es sich beim Essen anhört.
5. Wiederholt die Schritte 1–3 so lange, bis ihr alle Geschmacksproben gekostet habt. Wie gut ist es euch beiden gelungen, die Beschaffenheit der Nahrungsmittel und die Nahrungsmittel selbst zu beschreiben und zu erkennen?

Köpfchen, Köpfchen!
Als ich die Geschmacksproben kostete, wusste meine Zunge ...

Von den Sinnen — Eine Werkstatt für den Sachunterricht

Geschmacksproben

6. Geschmacks-Sensationen

Wusstest du schon?
Wenn du älter wirst, kann sich dein Geschmack verändern.

Das brauchst du
- einen Partner
- eine Augenbinde
- kleine Plastiklöffel
- Servietten
- Speise- und Saftproben in kleinen Pappbechern (sehr kleine Portionen) z.B.:
- Tomatensaft
- Pflaumensaft
- schwarze Oliven in Scheiben
- Grapefruit-Saft
- frische Pilzscheiben
- Datteln ohne Kerne
- roher Blumenkohl

Was meinst du?
Wenn ich zum Beispiel Pflaumensaft probiere,
- ☐ schmeckt er mir.
- ☐ schmeckt er mir nicht.

Los geht's!
1. Koste von allen Säften.
2. Koste von allen Speisen.
3. Welcher Saft hat dir am besten geschmeckt? Welche Speise hat dir am besten geschmeckt? War etwas dabei, was dir gar nicht geschmeckt hat?
4. Unterhalte dich mit deinen Freunden darüber, was sie mochten oder nicht mochten.

Köpfchen, Köpfchen!
Als ich von einer neuen Geschmacksprobe gekostet habe, hat meine Zunge ...

Von den **Sinnen**

Infotext
Alles über das Hören

Was die Ohren alles können

- Klänge, Geräusche und Töne sind Schwingungen. **Schwingungen** sind wie Wellen, die sich in der Luft ausbreiten. Sie werden durch Bewegungen hervorgerufen. Wenn sich ein Gegenstand bewegt, entstehen rings um ihn lauter kleine Wellen.

- Das **Trommelfell** ist ein straff gespanntes, dünnes Häutchen, das sich am Ende des Gehörgangs befindet. Durch den **Gehörgang** gelangen Schallwellen in dein Ohr und versetzen das Trommelfell in **Schwingungen**.

- Die Ohren sind **trichterförmig** angelegt, damit die Klänge und Geräusche in das Innere zum Trommelfell geleitet werden können. Auf der anderen Seite des Trommelfells liegen drei kleine Knochen, die man **Hammer**, **Amboss** und **Steigbügel** nennt. Die Schallwellen bringen sie zum Schwingen.

- Die Schwingungen werden von den drei kleinen Knochen auf eine schneckenförmige Röhre, die **Schnecke**, übertragen. Die Schnecke ist mit Flüssigkeit gefüllt und besitzt tausende haarfeiner **Nervenzellen**, die die Schwingungen in Botschaften an das Gehirn umwandeln.

- Das Ohr hilft uns, das **Gleichgewicht** zu halten und erfüllt damit eine wichtige Aufgabe. Das Zentrum des Gleichgewichtssinns liegt in drei halbkreisförmigen Gängen, den **Bogengängen**, die mit Flüssigkeit gefüllt sind.

- **Schallwellen** können andere Materialien durchdringen (zum Beispiel Telefondrähte), um an unser Ohr zu gelangen.

- **Tiere** hören besser als Menschen. **Kinder** können normalerweise besser hören als Erwachsene.

- Fast alles auf der Erde kann **Schall** erzeugen. In der Luft breitet sich der Schall mit einer Geschwindigkeit von ungefähr 340 m pro Sekunde aus. Die Schallgeschwindigkeit ist wesentlich geringer als die Lichtgeschwindigkeit. Daher sieht man einen Blitz, bevor man den Donner hört, den er erzeugt. Im Wasser breitet sich der Schall viermal schneller aus als in der Luft.

- **Laute Geräusche** können den Ohren schaden und den Hörsinn für immer beeinträchtigen. Achte darauf, dass du deine Ohren vor großem Krach schützt.

- Es gibt eine spezielle Zeichensprache für Menschen, die die gesprochene Sprache nicht verstehen können. Man nennt sie das **Deutsche Fingeralphabet** (siehe Seite 55).

Das Ohr

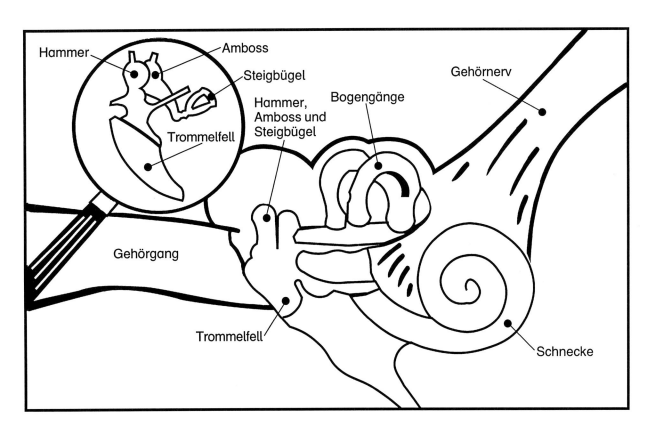

Das Deutsche Fingeralphabet

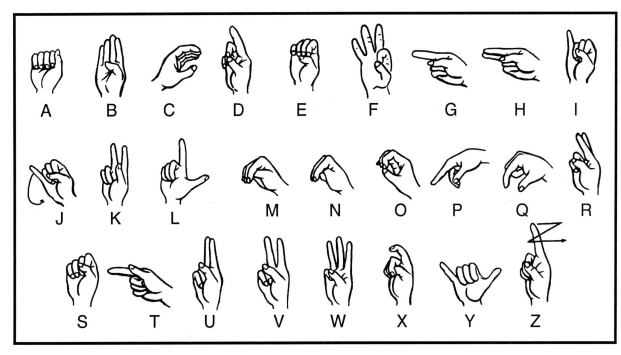

Fühlbare Schwingungen

1. Wellen schlagen

Wusstest du schon?

Alle Klänge, Töne und Geräusche bestehen aus Schwingungen. Schwingungen sind Wellen, die sich durch die Luft ausbreiten. Die Wellen breiten sich nach außen aus, genau wie die kleinen Wellen, die entstehen, wenn man einen Tropfen Farbe ins Wasser fallen lässt.

Das brauchst du
- eine große Schüssel mit Wasser
- eine Tube mit dunkler Lebensmittelfarbe

Was meinst du?

Wenn ein Tropfen Lebensmittelfarbe auf die Wasseroberfläche trifft, kann ich

☐ Wellen rings um den Tropfen sehen.

☐ keine Wellen rings um den Tropfen sehen.

Los geht's!
1. Sieh dir das Wasser an. Wie sieht es aus?
2. Nun lässt du einen Tropfen Lebensmittelfarbe auf die Mitte der Wasseroberfläche fallen.
3. Was siehst du? Kräuselt sich das Wasser um den Tropfen? Warum, meinst du, kräuselt es sich?

Köpfchen, Köpfchen!

Als ich sah, wie sich die Lebensmittelfarbe in Wellen im Wasser ausbreitete, dachte ich, ...

Sichtbare Schwingungen

2. Erbsen-Tanz

Wusstest du schon?
Schwingungen versetzen Gegenstände in Bewegung.

Das brauchst du
- eine kleine Kaffeedose mit einem Plastikdeckel
- einen großen Löffel aus Metall
- einen Teelöffel getrockneter Erbsen (oder Reis) in einer Butterbrottüte
- einen Partner

Was meinst du?
Wenn ich mit einem Löffel auf meine Kaffeedosentrommel klopfe,

☐ hopsen die getrockneten Erbsen auf dem Deckel.

☐ hopsen die getrockneten Erbsen nicht auf dem Deckel.

Los geht's!
1. Achte darauf, dass der Plastikdeckel fest auf der Kaffeedose sitzt. Sie verwandelt sich jetzt in eine Trommel.
2. Halte die Trommel aufrecht in deinen Händen. Um die Trommel ruhig zu halten, kannst du deine Unterarme auf einem Tisch ablegen.
3. Bitte deinen Partner, die getrockneten Erbsen aus der Butterbrottüte zu nehmen und sie auf den Plastikdeckel der Trommel zu streuen.
4. Lass deinen Partner mit einem großen Metalllöffel auf die Seite der Trommel schlagen.
5. Was passiert mit den Erbsen? Haben sie sich bewegt?
6. Warum haben sie sich bewegt?
7. Nun hält dein Partner die Trommel fest und du schlägst mit dem Löffel dagegen.

Köpfchen, Köpfchen!
Als ich gegen die Trommel schlug, haben die Erbsen ...

Von den Sinnen

Übertragbare Schwingungen

3. An der Strippe

Wusstest du schon?
Schwingungen können von einer Kordel übertragen werden und auf diese Weise an deinem Ohr ankommen.

Das brauchst du
- 1 Stück Kordel, ungefähr 1,5 m lang
- einen Nagel
- einen Hammer
- 2 Konserven-Dosen
- einen Partner

Was meinst du?
Wenn ich aus 2 Konserven-Dosen und einem Stück Kordel eine Sprechleitung bastle, kann ich mich über diese Leitung

☐ mit meinem Partner unterhalten.

☐ nicht mit meinem Partner unterhalten.

Los geht's!
1. Schlage mit Hilfe des Nagels und des Hammers vorsichtig jeweils ein kleines Loch in den Boden der beiden Konserven-Dosen.
2. Dann ziehst du die Kordel durch die beiden Löcher und machst einen dicken Knoten hinein.
3. Nun sprichst du in die eine Dose, während dein Partner die andere Dose an sein Ohr hält. Achtet darauf, dass die Kordel straff gespannt ist. Kann dein Partner dich hören?
Wie, meinst du, funktioniert dieses Telefon?

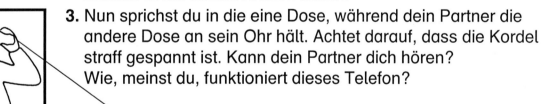

Köpfchen, Köpfchen!
Als ich in das Konserven-Dosen-Telefon gesprochen habe, ...

Von den Sinnen

Gehörsinn testen

4. Für Geräuschdetektive

Wusstest du schon?
Du kannst eine Geräuschquelle ausfindig machen, ohne einen anderen Sinn zur Hilfe zu nehmen.

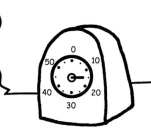

Das brauchst du
- einen Partner
- eine Eieruhr oder Wecker mit lautem Ticken und Alarmton

Was meinst du?
Wenn ich einen Wecker/ eine Eieruhr läuten höre,
- ☐ weiß ich, wo er ist.
- ☐ weiß ich nicht, wo er ist.

Los geht's!
1. Bitte deinen Partner, den Wecker/ die Eieruhr (auf 2 Minuten eingestellt) zu verstecken, während du die Augen schließt. Horche auf das Ticken des Weckers/der Eieruhr und zeige in die Richtung, in der du ihn vermutest.
2. Warte nun, bis der Wecker/die Eieruhr läutet.
Sieh dann nach, ob du das Versteck richtig erraten hast.

Köpfchen, Köpfchen!
Als ich auf das Ticken des Weckers/der Eieruhr horchte, sagten mir meine Ohren ...

Gehörsinn testen

5. Gleichklänge

Wusstest du schon?
Jeder Gegenstand klingt anders.

Das brauchst du
- jeweils 2 Teelöffel Reis, getrocknete Erbsen und Schokoladenraspeln
- 20 Büroklammern aus Metall
- einen Esslöffel
- 8 leere Überraschungseier oder Filmdöschen
- 1 leeren Eierkarton zum Sortieren und Aufbewahren

Was meinst du?
Wenn ich die Plastikeier mit den Klangproben schüttel, kann ich

☐ hören, welche zusammengehören.

☐ nicht hören, welche zusammengehören.

Los geht's!

1. Zwei Plastikeier füllst du mit je einem Esslöffel Reis und verschließt sie.
2. Zwei Plastikeier füllst du mit je 10 Büroklammern aus Metall und verschließt sie.
3. Den ersten Schritt wiederholst du mit den restlichen Klangproben (Erbsen und Schokoladenraspeln).
4. Dann schüttelst du eines der Eier und achtest genau darauf, wie es klingt.
5. Das Ei stellst du in dem Eierkarton auf der linken Seite ab.
6. Nun schüttelst du ein anderes Ei. Klingt es genauso wie das erste Ei? Wenn ja, stellst du es neben das erste Ei.
7. Die Schritte 4–6 wiederholst du so lange, bis du alle Eier sortiert hast und meinst, die zusammengehörigen Eier gefunden zu haben.
8. Öffne die Eier vorsichtig und sieh nach, ob sie mit denselben Dingen gefüllt sind.

Köpfchen, Köpfchen!
Als ich die zusammengehörenden Eier schüttelte, sagten mir meine Ohren ...

Wassermusik

6. Musik aus dem Wasserglas

Wusstest du schon?
Mit ganz normalen Trinkgläsern kannst du Musik machen.

Das brauchst du
- 4 gleiche, farblose Trinkgläser
- Wasser
- einen Messbecher für Flüssigkeiten (mindestens bis 200 ml)
- einen großen Metalllöffel
- ein Sortiment Lebensmittelfarben (in Tuben)

Was meinst du?
Wenn ich mit einem Metalllöffel leicht gegen Gläser klopfe, die mit unterschiedlichen Wassermengen gefüllt sind, klingen sie
- ☐ alle gleich.
- ☐ nicht alle gleich.

Los geht's!
1. In ein Glas gießt du 50 ml Wasser, in das nächste 100 ml Wasser, in das dritte 150 ml Wasser und in das letzte Glas gießt du 200 ml Wasser. In jedes Glas kommt nun ein Tropfen Lebensmittelfarbe. Jedes Glas sollte eine andere Farbe haben.
2. Stelle die Gläser in einer Reihe nebeneinander auf, vom niedrigsten bis zum höchsten Wasserspiegel geordnet.
3. Nun klopfst du mit dem Metalllöffel vorsichtig gegen jedes einzelne Glas. Hörst du unterschiedliche Klänge? Oder klingen alle Gläser gleich?
4. Mache Musik mit den Gläsern und klopfe eine Melodie. (Du kannst natürlich auch noch mehr Gläser mit verschiedenen Wassermengen füllen, um deine Melodie zu verändern.)

Köpfchen, Köpfchen!
Als ich den Gläsern mit Wasser lauschte, hörten meine Ohren …

Von den Sinnen

Schwingungen

7. Saitenspiele

Wusstest du schon?
Die Höhe der Töne, die ein Gummiband oder eine Schnur erzeugen, hat etwas damit zu tun, wie dick sie sind.

Das brauchst du
- ein langes dünnes Gummiband
- eine leere Kaffeedose ohne Deckel
- ein Stück Angelschnur
- ein Stück Kordel
- ein kurzes dickes Gummiband
- ein Stück unbeschichtete Zahnseide (nicht unbedingt)

Was meinst du?
Wenn ich an einem Gummiband zupfe, erklingt

☐ der gleiche Ton, als wenn ich an einer Angelschnur zupfe.

☐ ein anderer Ton, als wenn ich an einer Angelschnur zupfe.

Los geht's!
1. Spanne das lange dünne Gummiband der Länge nach um die Kaffeedose.
2. Lege die Angelschnur und die Kordel neben das Gummiband über den oberen Rand der Kaffeedose. Verknote sie so auf der Unterseite der Dose, dass sie stramm über der Öffnung der Kaffeedose gespannt sind.
3. Nun nimmst du das kurze dicke Gummiband und schiebst es über die Angelschnur und die Kordel. Dieses Gummiband hält die Angelschnur und die Kordel fest.
4. Zupfe nun an der Angelschnur. Wie klingt das? Zupfe an dem Gummiband. Wie klingt das? Klingt es anders als bei der Angelschnur? Zupfe an der Kordel. Ist ihr Klang anders als der der Angelschnur und des Gummibandes?

Köpfchen, Köpfchen!
Als ich an der Angelschnur zupfte, hörte ich ...

Funktion des Megaphons

8. Ein Mini-Megaphon

Wusstest du schon?

Durch die Form eines Megaphons (Sprachrohrs) werden Klänge und Geräusche verstärkt.

Das brauchst du

- die Megaphon-Vorlage
- Klebstoff
- Tonpapier
- Filzstifte
- eine Schere
- Klebeband

Was meinst du?

Wenn ich in mein Mini-Megaphon spreche, klingt meine Stimme

☐ lauter, als wenn ich ohne Megaphon spreche.

☐ nicht lauter, als wenn ich ohne Megaphon spreche.

Los geht's!

1. Schneide die Megaphon-Vorlage auf dieser Seite aus und klebe sie auf eine Stück Tonpapier. Schneide sie dann erneut aus.
2. Verziere dein Megaphon mit Filzstiften.
3. Lege die Kanten des Megaphons aneinander und befestige sie an der Innen- und an der Außenseite mit Klebeband.
4. Sprich mit deinen Freunden durch das Mini-Megaphon.

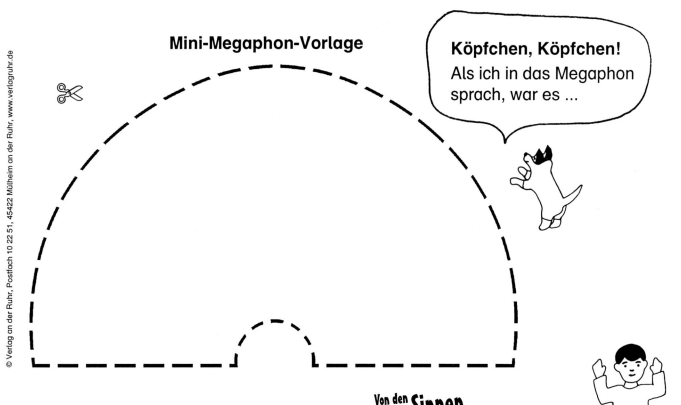

Mini-Megaphon-Vorlage

Köpfchen, Köpfchen! Als ich in das Megaphon sprach, war es ...

Von den Sinnen

Deutsches Fingeralphabet

9. Was ist, wenn ...? Kein Hörsinn!

Das brauchst du
- Ohrstöpsel für Kinder
- eine Eieruhr
- das Deutsche Fingeralphabet (Seite 55)

Was meinst du?
Wenn ich nichts hören kann, nehme ich meine anderen Sinne

☐ zu Hilfe.

☐ nicht zu Hilfe.

Wusstest du schon?
Menschen, die nicht hören können, nehmen ihre anderen Sinne zu Hilfe, um die Welt um sich herum zu begreifen.

Los geht's!

1. Stelle die Eieruhr auf 15 Minuten ein.
2. Lass dir von einem Erwachsenen dabei helfen, die Ohrstöpsel in die Ohren zu stecken. Es kann sein, dass du noch ein bißchen hörst, aber nicht genug, um sagen zu können, was du da hörst.
3. Verbringe nun einige Zeit (ungefähr 15 Minuten) mit den Ohrstöpseln in den Ohren.
4. Wie war es, nicht hören zu können? Wie hast du dich gefühlt, als die anderen sich unterhielten und du nicht verstehen konntest, was sie sagten? War es schwieriger für dich zu erfassen, was um dich herum geschah? Welche anderen Sinne hast du zur Hilfe genommen? Welchen Gefahren wärest du ausgesetzt, wenn du nicht hören könntest?
5. Sieh dir das Deutsche Fingeralphabet (S. 55) an. Dort findest du die Handzeichen, mit denen sich Menschen verständigen, die die gesprochene Sprache nicht verstehen können. Versuche mal ein paar von diesen Handzeichen nachzumachen. Kannst du dich mit einem Partner mit Hilfe der Fingersprache verständigen?

Köpfchen, Köpfchen!
Als ich nicht hören konnte, fühlte ich mich ...

Von den Sinnen

Naturgeräusche

10. Ein Spaziergang für die Ohren

Wusstest du schon?
Überall sind Geräusche und Klänge.

Das brauchst du
- die Möglichkeit nach draußen zu gehen
- eine Augenbinde

Was meinst du?
Wenn ich nach draußen gehe, kann ich viele schöne Klänge der Natur
☐ hören.
☐ nicht hören.

Los geht's!
1. Geh nach draußen und lausche. Was hörst du?
2. Setz dich hin und lege die Augenbinde an. Verändern sich die Geräusche? Erkennst du die Geräusche? Achte auf Geräusche, die Tiere, Menschen, Maschinen, Insekten oder der Wind machen. Welche anderen Geräusche hörst du?
3. Nimm die Augenbinde ab. Male Bilder von den Sachen, die du gehört hast oder schreibe auf, wie sie sich für dich anhörten.

Köpfchen, Köpfchen!
Als ich draußen umherging, konnte ich hören, ...

Von den **Sinnen**
Eine Werkstatt für den Sachunterricht

CHECKY ... Die Lernkontrollhilfe

So geht's

... ist anders als andere Lernkontrollhilfen:

Vorgegebene Lösungen sind nicht nur über starre Symbolzuordnungen kontrollierbar. Checky ermöglicht die Eingabe ganzer (kurzer) Lösungswörter bzw. sinnvoller und konkreter Kontrollangebote. Die Kontrollscheibe besteht aus einem Teil. Nichts muss zusammengesetzt werden, nichts kann verloren gehen, nichts muss nachgekauft werden.

Das ist Checky.
Er begleitet die Kinder durch die Themenhefte, gibt Tipps, Hilfen und Anregungen.

... macht es den Kindern leicht:

Eine Aufgabe aus dem Arbeitsheft bearbeiten und sich gleich mit der Checky-Kontrollscheibe die Richtigkeit bestätigen lassen. Jede Lösung kann sofort kontrolliert werden, ohne den Zwang einer vorgegebenen Reihenfolge.
Die Checky-Arbeitshefte fördern freies Arbeiten: Checky-Übungshefte zum Festigen und Wiederholen und Checky-Themenhefte für fächerübergreifendes Erarbeiten und Üben. Checky lädt die Kinder zum Arbeiten ein, gibt ihnen Tipps, Anregungen und Lösungshilfen.

Mit dieser Lernhilfe können Kinder nur gewinnen!

- *Sofortige Lösungskontrolle einzelner Aufgaben*
- *Einfache Handhabung*
- *Keine losen Teile*
- *Preiswert!*

1 Aufgabenstellung lesen

Zu Beginn ist es wichtig, sich die Aufgabe genau durchzulesen. Hier erklärt Checky, worum es geht und was gemacht werden muss.
Beispiel:
Welches Rechenzeichen fehlt?

3 Lösung finden und Buchstabencode wählen

Checky stellt immer mehrere Lösungsmöglichkeiten zur Auswahl bereit. Aber nur eine ist richtig. Nachdem man sich für die richtige Lösung entschieden hat, wird der dazugehörige Buchstabencode gewählt.

Beispiel: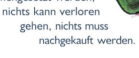
In diesem Falle also .

2 Nummer der Aufgabe wählen und Aufgabe durchlesen

Man kann die Aufgaben in beliebiger Reihenfolge bearbeiten. Deswegen muss man Checky zuerst sagen, mit welcher Aufgabennummer man beginnen möchte. Ist es zum Beispiel die Aufgabe 9, so wählt man zunächst die Ziffer 9 auf der Checky-Wählscheibe und liest sich die entsprechende Aufgabe durch.

Beispiel: **9** $14 \;?\; 3 = 11$

4 Kontrolle

Ob die Aufgabe richtig gelöst wurde, sieht man Checky sofort an. Wurde richtig gelöst, erscheint nach der Eingabe des kompletten Codes der lustige Checky in der Mitte der Wählscheibe.
Ist Checky nicht vollständig – fehlen Teile seiner Ohren und Nase oder sind dort nur weiße Flächen – dann war die Antwort leider falsch.

falsch

richtig

CHECKY ... Die Lernkontrollhilfe für Klasse 1 – 4

CHECKY Übungshefte
Mathematik

Die Übungshefte enthalten im Gegensatz zu den Themenheften ausschließlich Aufgaben für Mathematik bzw. Sprache.

pro Band 9,80 DM/sFr/72,- öS

Rechentricks
Zahlenraum bis 20
1. Schuljahr
ISBN 3-86072-504-1
Best.-Nr. 2504
Best.-Nr. 250400 (Paketpreis)

Rechentricks
Zahlenraum bis 100
2. Schuljahr
ISBN 3-86072-514-9
Best.-Nr. 2514
Best.-Nr. 251400 (Paketpreis)

Längeneinheiten
Schätzen, Vergleichen, Rechnen
2. Schuljahr
ISBN 3-86072-505-X
Best.-Nr. 2505
Best.-Nr. 250500 (Paketpreis)

Gewichtseinheiten
Schätzen, Vergleichen, Rechnen
3./4. Schuljahr
ISBN 3-86072-506-8
Best.-Nr. 2506
Best.-Nr. 250600 (Paketpreis)

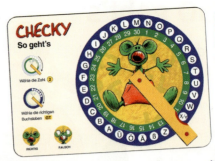

Checky Kontrollscheibe

Aus stabilem Hartkarton (1200 g/m²), A5, vierfarbig bedruckt, mit wasserfester Folie laminiert
ISBN 3-86072-500-9
Best.-Nr. 2500
8,80 DM/sFr/64,- öS

CHECKY Paketpreis

Heft + Kontrollscheibe nur 16,- DM

CHECKY Themenhefte
fächerübergreifend

Für ein fächerübergreifendes Erarbeiten und Üben, für den Einsatz in offenen Unterrichtsformen: Wochenplan, Freiarbeit, Lernen an Stationen, Lernwerkstätten, Projekten ...

pro Band 9,80 DM/sFr/72,- öS

Zeit und Uhren
2. Schuljahr
ISBN 3-86072-516-5
Best.-Nr. 2516
Best.-Nr. 251600 (Paketpreis)

Unsere Haustiere
Die Katze
2. Schuljahr
ISBN 3-86072-507-6
Best.-Nr. 2507
Best.-Nr. 250700 (Paketpreis)

Gesunde Ernährung
2. Schuljahr
ISBN 3-86072-508-4
Best.-Nr. 2508
Best.-Nr. 250800 (Paketpreis)

Sexualerziehung
Zeugung, Schwangerschaft, Geburt
3. Schuljahr
ISBN 3-86072-509-2
Best.-Nr. 2509
Best.-Nr. 250900 (Paketpreis)

Der Jahreskreis
Kalender und Jahreszeiten
3. Schuljahr
ISBN 3-86072-517-3
Best.-Nr. 2517
Best.-Nr. 251700 (Paketpreis)

Wärme
Eine Energie
3. Schuljahr
ISBN 3-86072-510-6
Best.-Nr. 2510
Best.-Nr. 251000 (Paketpreis)

Verkehrserziehung
Die Fahrradprüfung
4. Schuljahr
ISBN 3-86072-511-4
Best.-Nr. 2511
Best.-Nr. 251100 (Paketpreis)

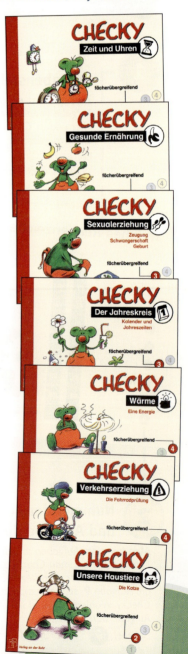

CHECKY Übungshefte
Sprache

Zum Wiederholen und Festigen, zum Differenzieren, für die Freiarbeitsecke, für Regenpausen, zum Lernen zu Hause ...

pro Band 9,80 DM/sFr/72,- öS

Anlaute
Erkennen und Zuordnen
1. Schuljahr
ISBN 3-86072-501-7
Best.-Nr. 2501
Best.-Nr. 250100 (Paketpreis)

Wortarten unterscheiden
Verben
2. Schuljahr
ISBN 3-86072-515-7
Best.-Nr. 2515
Best.-Nr. 251500 (Paketpreis)

Wortarten unterscheiden
Artikel und Nomen
2. Schuljahr
ISBN 3-86072-502-5
Best.-Nr. 2502
Best.-Nr. 250200 (Paketpreis)

Lesen üben
Herbst-Geschichten
4. Schuljahr
ISBN 3-86072-503-3
Best.-Nr. 2503
Best.-Nr. 250300 (Paketpreis)